Ungarische Lyrik

ENDRE ADY

1877 - 1919

Ausgewählte Gedichte

ENDRE ADY

Ausgewählte Gedichte

übertragen aus dem Ungarischen
von
Julius Alexander Detrich

Herausgegeben von Gudrun Detrich

Die Deutsche Bibliothek - CIP-Einheitsaufnahme
Ady, Endre:
Ausgewählte Gedichte / Endre Ady.
Übertr. aus dem Ungar. von Julius Alexander Detrich.
[Mit einem Vorw. von Wilhelm Droste].
Olching : G. Detrich;
Norderstedt : Books on Demand GmbH, 2001
ISBN 3-8311-2250-4

Redaktion: Gudrun Detrich
Vorwort: Wilhelm Droste (Budapest)
Umschlaggestaltung: Manfred Hilbert
Computerbearbeitung: Renate Bayerl
Titelbild: Endre Ady 1910
mit freundlicher Erlaubnis des Petőfi Irodalmi Múzeum (Budapest)
Herstellung: Books on Demand GmbH
Printed in Germany 2001
ISBN 3-8311-2250-4

ENDRE ADY
(1877-1919)

Ich weiß nicht, ob irgend etwas von größerem Interesse für Ungarn wäre, als Ady mit der ganzen Welt bekanntzumachen. Manchmal empfinde ich dies als ein Gefühl von solch dringender Notwendigkeit, wie es nur ein zum Tode Verurteilter fühlen kann, wenn es sich darum handelt, seinen wichtigsten Entlastungszeugen ·vor den Richter zu bringen. Oder wie der Ertrinkende es fühlen muß, wenn er bestrebt ist, seine aufgellenden Hilferufe in mitleidsvolle Ohren gelangen zu lassen.
Der höchstbedeutsamste Zeuge, der allertiefste Aufschrei für uns Ungarn ist: Andreas Ady.

Diese Worte schickte Mihály Babits, der Freund und Schriftstellerkollege Endre Adys, 1926 einer deutschsprachigen Auswahl von dessen Gedichten in der Übertragung von Albert Hetényi Heidlberg voraus. Das war nicht etwa der erste und bei weitem nicht der letzte Versuch, das Phänomen Ady über den ungarischen Sprachraum hinaus der Welt verständlich zu machen. Gerade an deutschen Übersetzungsversuchen hat es nicht gemangelt. Um nur von den neueren zu berichten: 1981 und 1987 legte Felix Mandl zwei Bände vor, 1988 dann erschien der große, feierlich ausgestaltete Band mit Nachdichtungen von Alfred Marnau.
Trotz all dieser ambitionierten Versuche aber ist es bislang in keiner Weise geglückt, Endre Ady einen Platz in der Reihe der international wahrgenommenen und geschätzten Pioniere moderner Dichtung zu erstreiten. Als Ungarn im Jahr 1999 Gastland auf der Frankfurter Buchmesse war, wurden unglaublich zahlreiche

magyarische Autoren aus der Versenkung geholt, ihnen landes-übergreifende Bedeutung und Wirkung zu verschaffen. Ady gehörte nicht zu diesem Arsenal. Und das liegt nicht an Zufall und Vergeßlichkeit.

Ady hat es international immer schwer gehabt, verstanden und gehört zu werden. In den letzten zehn Jahren kommt ein inner-ungarisches Problem hinzu, das auch seine nationale Bedeutung zumindest kurzfristig untergraben könnte. Das historische Geschenk der Freiheit 1989 hat eine versklavende Schattenseite: Selbstbehauptung in Beliebigkeit. War vor 1989 die gesamte ungarische Nation in ihrer neueren Geschichte immer von klaren Geißeln bedroht und unterdrückt – vom diktatorischen Staatssozialismus, von der Roten Armee, von einem Marionetten-faschismus, von Horthy usw. –, so schien nun die Luft frei, jeder stürzte sich in das partikularisierte Abenteuer seiner Selbstbehauptung. War Dichtung, gerade die rebellische, in Ungarn traditionell wichtig als geistiger Beistand für ein dennoch würdig angegangenes Leben gegen übermächtige Gewalten, so schien sich diese Bedeutung der Literatur nun erübrigt zu haben. Die großen Lyriker der Ungarn, Sándor Petőfi, János Arany, Endre Ady, Attila József, Sándor Radnóti bis hin zu dem kürzlich verstorbenen György Petri, allesamt auf markant verschiedene Weise Spezialisten eines zur Sprache kommenden Lebens im Widerstand, verloren ihr elementares Gewicht im seelischen Alltag. Die leidenschaftlichsten, Petőfi, Ady und József, ganz besonders, denn der neue Zeitgeist rief nicht nach Leidenschaftlichkeit, sondern nach nüchternem Kalkül. Flexibilität und Anpassungsfähigkeit heißen die Tugenden des sich nun schon zehn Jahre hinziehenden Augenblicks, wahrlich keine Stärken starker Dichter.

Ady hat der Bedeutungsverlust besonders stark getroffen, weil er es durch sein manisches Beharren auf elementaren Wünschen – Liebe, Ankunft, Glück, erfüllter Augenblick, Unendlichkeit – zumindest im dichterischen Ausdruck geschafft hat, Sehnsüchte einer ganzen Gesellschaft in Sprache zu fassen, die weit über den genügsamen Tagesbedarf hinausgehen. Ausgerechnet ein Leben, das exzentrischer kaum hätte sein können, führte zu einer Dichtung von universaler Dimension, in der sich verschiedenste Zeitgenossen finden und neu bestimmen konnten. Ady hat es geschafft, Ungarn, dem Land wie den Menschen, geistig eine moderne Identität zu stiften, die zwischen den Mühlsteinen der Realgeschichte kaum einen Raum realer Entfaltung und Erfüllung fand. Er wurde in der stürmisch chaotischen Zeit, da die Donaumonarchie zerbrach und eine Geschichte im Schnellverfahren mit sich überschlagenden Revolutionen versuchte, einen glaubwürdigen Neuanfang zu machen, zur Verkörperung der Hoffnung auf eine grundlegend bessere Welt. Er war zu dieser Zeit bereits ein todkranker Mann, doch nicht nur eine geistige Elite, sondern ganze Massen waren sich sicher, in seinem Werk und seiner Person den Schlüssel zu einer besseren Welt gefunden zu haben. Ady starb am 27. Januar 1919, im Jahr der Revolutionen und Konterrevolutionen. Seine Beerdigung entwickelte sich zu einem ungeheuren Menschenauflauf, der sich kaum bändigen ließ. Eine Nation trug ihren modernen Propheten zu Grabe, fest entschlossen, seine poetische Vision Wirklichkeit werden zu lassen. Kein Parteikonzept, kein politischer Führer, keine Massenorganisation hatte eine solch mobilisierende, verbindende und elektrisierende Kraft wie dieser Dichter mit seiner neu geborenen Sprache.

Bei einer solch gravierenden Bedeutung, die Ady am Ende seines Lebens erreicht hat, mag seinen Augen kaum trauen, wer sich an den Ort seiner Herkunft begibt. Noch immer führen nur staubige Feldwege in das Dorf, das zu Adys Geburt (22. November 1877) Érmindszent hieß und jetzt den Namen des Dichters trägt. Es liegt im historischen Partium, einem Streifen zwischen der ungarischen Tiefebene und Siebenbürgen, heute an der Westgrenze Rumäniens. Ady war der erste von zwei Söhnen einer längst schon völlig verarmten, kleinadligen, kalvinistischen Familie, deren Alltag sich nicht großartig vom Schicksal der bescheidenen Nachbarbauern unterschied, mochten diese nun Rumänen, Slowaken, Ruthenen oder auch Ungarn sein. Doch es gab immerhin den familiären Willen, diese Söhne lernen zu lassen, auf daß sie später im Komitat Beamtenstellungen einnehmen könnten. Die Welt des jungen Endre Ady erweitert sich durch die zwei kleineren Städte Nagykároly und Zilah, wo er zur Schule geht und seine Gymnasialreife erlangt, um dann in Debrecen, einer zur Großstadt aufgeblähten Agrarstadt der ungarischen Tiefebene, mehr auf Druck der Familie als aus eigenem Antrieb, Jura zu studieren. Doch bald schon erweist sich der eigene Antrieb als stärker denn jede elterliche Ambition. Ady ist ein schlampiger Student, dafür aber ein begeisterter Zeitungsschreiber. Sein publizistischer Ruf reicht schnell bis in das nicht weit entfernt gelegene Nagyvárad (deutsch Großwardein, rumänisch Oradea). Mit dem neuen Jahrhundert betritt er diese Stadt, deren Luft von ganz anderem Geist durchweht ist als von dem des verbissen provinziellen Debrecen. Hier prägt ein starkes und vor lauter Frische geradezu übermütiges jüdisches Bürgertum den Charakter der Stadt, die auf internationale Neuerungen häufig sogar schneller reagiert als die Hauptstadt Budapest. Hier brennen die ersten elektrischen Straßenlampen, verspielter Jugendstil prunkt von den Fassaden der großzügig angelegten innerstädtischen Häuser, ein Jugendstil, der in seiner Masse und Geschlossenheit auch heute noch verblüfft. Hier sitzen die Leute nicht in kleinen, dunklen Weinkneipen wie in Debrecen, große Kaffeehäuser sind die Spielfläche des öffentlichen Lebens, mit nur wenigen Tagen Verspätung tragen die Damen der besseren Kreise die aktuelle Mode aus Paris in dieser vor lauter Selbstbewußtsein vibrierenden Stadt. Ady ist fasziniert von der urbanen Aufbruchstimmung, er sucht und findet schnell seinen Platz am Rande des selbstbewußten, jüdischen Bürgertums, und er ist einer der vielen, die als Boheme dafür sorgen, daß auch die Nächte in Nagyvárad an die Lichterstadt Paris erinnern, mit einem ausschweifenden Leben, das in vollen Zügen genossen wird, ohne Rücksicht auf Verluste. Die Stadt wird für Ady zur Schule der Maßlosigkeit, erotisch wie alkoholisch. Seit einiger Zeit schon schreibt er Gedichte, doch die haben noch keinen wirklich eigenen Ton. Publizistisch aber wird er immer schärfer und besser, so scharf und gut, daß er für einen Artikel gegen den übermäßigen Reichtum der katholischen Kirche gar für kurze Zeit ins Gefängnis muß.

Dieser rauschhafte Beginn Endre Adys hätte leicht in ganz gewöhnlicher Verkaterung enden können, wäre in dieser Stadt nicht eine Frau aufgetaucht, die für die entscheidende zusätzliche Horizonterweiterung sorgen sollte, Adél Brüll. Sie war eine von den Damen aus besseren Kreisen, die sich Kleider, Schuhe und Parfum in Paris besorgten, doch dies war ihr nicht genug. Sie ließ sich hinreißen von der Leidenschaftlichkeit des jungen Journalisten und setzte sich in den Kopf, diese rohe, doch natürlich ganz und gar provinzielle Kraft an die große Welt heranzuführen. Daß sie selbst bereits eine verheiratete Frau war, erwies sich als das geringste Problem dieser entflammenden Liebe. In Adys Lyrik begegnet uns die begehrte Gestalt als Léda – er liebte es, Namen zu verdrehen, seine intime Welt immer eigenwillig und neu zu benennen. Hingebungsvoller hat Ady niemals geliebt, dennoch war dieser Beziehung kein dauerndes Glück beschieden. Von Beginn an wurde immer wieder deutlich, wie fern diese Welten charakterlich zueinander standen, die hier aufeinanderstießen. Von dieser Ferne lebte der erotische Reiz, lebten zugleich aber auch Zerstörung und Selbstzerstörung. Schon in den ersten, begeisterten Gedichten an die Geliebte wird bei genauerem Lesen immer auch das drohende Ende bereits vorgezeichnet. Der Altar, den Ady ihr sprachlich zu bauen vermag, trägt bereits im Entstehen erste Spuren einer Folterbank für beide. – Ohne die quälende Intensität dieser Liebesbeziehung, die Jahre währen sollte – bis 1911 –, wäre Ady nicht zu seiner eigenen Dichtung gelangt, denn sie wird zur entscheidenden Inspiration seines wirklich ersten Gedichtbandes *Új versek (Neue Gedichte)* 1906.

Damit verbunden und nicht weniger bedeutsam war der räumliche Sprung nach Paris. Orte und entscheidende Ortswechsel haben für Ady die auratische Kraft von Musen. Wichtig war, daß er Paris vor Budapest erreichte. Léda zog ihn in die Hauptstadt der Welt, die Ady nicht etwa bildungsbürgerlich zu studieren versuchte, sondern vielmehr dankbar und gierig nutzte, sich in der universalen Stadtfremde als einzigartig zu entdecken und diesen Zustand in ungarischer Dichtung auszudrücken. Paris wird für Ady zu einem Bad in Kontrastflüssigkeit. Ahnte er zuvor etwas von unverbrüchlicher Eigenart, die er in sich trug, so fand er nun urplötzlich eine identitätsstiftende Sprache, er konnte das Außergewöhnliche in sich benennen. Sein Französisch blieb trotz längerer Aufenthalte in Paris und Frankreich stets notorisch anfängerhaft, sein lyrisches Ungarisch hingegen wurde in den Fundamenten neu geboren. Paris schenkt Ady den ureigenen Ton. Die faszinierende Angriffsbereitschaft, die seine Publizistik immer schon hatte, schlug nun plötzlich flammend aus allen seinen Gedichten. Die ungarischen Leser reagierten, wie Leserschaften auf das radikal Neue überall auf der Welt reagieren, jubelnd auf der einen und empört auf der anderen Seite. Ein mittleres Lager, lauwarm und abwägend, gab und gibt es eigentlich bis auf den heutigen Tag nicht.

Als ungarischem Dichter war es Ady vorgezeichnet, daß Budapest die Stadt werden mußte, in der er sich zu behaupten hatte. Hier waren die großen Zeitungen und Verlage, hier konzentrierte sich die moderne Leserschaft, die Ady als Stimme der neuen Welt begeistert feierte und stützte. Er hat sich in Budapest nie heimisch gefühlt, stöhnt und schimpft über die Stadt, auch, weil sie ihn so leicht verführt, seine Kraft zu vertrinken und erotisch zu verschludern. So fehlt ihm das Geld für eine schützende Wohnung. Eine Nische im Wirtshaus *Három Holló (Drei Raben)* wird zu seiner eigentlichen Stadtresidenz. Das Lokal hat Tag und Nacht geöffnet, hier gibt es einen soliden, bezahlbaren Wein, dazu eine einfache, ländliche Küche. Ady, der es liebte, in den

Kaffeehäusern von Nagyvárad oder auf Pariser Caféterrassen stundenlang zu residieren, meidet die eleganten Kaffeehäuser von Pest. Er distanziert sich auf diese Art vom herrschenden Kulturbetrieb der Stadt, stolz auf seine Herkunft aus dem ungarischen Osten und nicht minder auf seinen Pariser Weltvorsprung. Für Ady ist Budapest die aufgeblasene Fratze aller Provinzialität schlechthin, nicht ungarisch und auch nicht weltgewandt, eine Hure ohne jeden Reiz, ohne Persönlichkeit. Nur gelegentlich spricht er in versöhnlicheren Tönen von der sich nach dem Ausgleich mit Wien als zweite Residenz der Donaumonarchie aufblähenden ungarischen Hauptstadt, die in ihrer Zusammengewürfeltheit und ihrem Großstadtgründungsfieber durchaus mit vielen Problemen zu kämpfen hatte, die auch Ady in seiner Person lösen mußte. Auch der Stadt mußte es darum gehen, verschlafene und schwer zu rettende Traditionen mit dem Einbruch der Moderne lebensfähig zu versöhnen. Ady hat die Stadt am Ende vielleicht gerade deswegen so schwer attackiert, weil er ihr bis in die Poren der Haut hinein ähnlich war. Diese leidenschaftliche und daher häufig auch zornige Auseinandersetzung mit dem eigenen Spiegelbild ist ohnehin eine der wichtigsten Antriebskräfte seiner Lyrik.

Am Ende seines Lebens macht er sogar den Versuch, in Budapest wirklich heimisch zu werden, im Bunde mit einer jungen Frau, die zur zweiten großen Liebe seines Lebens wird. Sie heißt Berta Boncza und schreibt dem Dichter als Schülerin von einem Internat in der Schweiz aus seit 1911 Briefe voll leidenschaftlicher Verehrung. Im April 1914 zieht sich Ady – wie so häufig in Zeiten der Schwäche – in sein Heimatdorf zurück. Das Mädchen ist inzwischen zwanzig Jahre alt und lebt in nicht allzu weiter Entfernung von diesem Dorf, in einem schloßartigen Herrenhaus in Csucsa. Ady macht sich auf, um jetzt endlich das Gesicht hinter den Briefen kennenzulernen. Gegen den heftigsten Widerstand des Vaters – Bertas Mutter war bei ihrer Geburt gestorben – steht schnell fest, daß die beiden heiraten wollen. War Léda durch ihre jüdisch-bürgerliche Herkunft zu einer aufgeklärten Weltoffenheit bestimmt, so war diese im Falle der Berta Boncza schwer erkämpft gegen den konservativen Willen des Vaters. Auch Berta wurde von Ady mythisch umgetauft. Er dichtete ihr eine polnische Adelsverwandtschaft an und formte so den Kosenamen Csinszka, unter dem sie in die Literaturgeschichte eingezogen ist. Die späten Liebesgedichte Adys sind ihr geschrieben.

Stand die Beziehung zu Léda unter dem Stern einer vorbehaltlosen Progression, die letzlich beide nicht auszuhalten vermochten, so gerät die Liebe zu Csinszka sehr schnell schon unter den Stern der Regression. Auch dieser ist kein stabiler Pate des Glücks, das nach ausgeglichenen Sternbildern verlangt, die den Ausbruch in eine immer wieder neu verlockende Fremde ebenso beschützen wie das existentiell so wichtige Bedürfnis nach Ankunft und Wärme. Csinszka, die bei ihrer Jugend beinahe die Tochter von Ady sein könnte, wird in eine unglückselige Mutterrolle gedrängt, den zur Selbstzerstörung neigenden Dichter vor sich selbst zu schützen. Für die couragierte, junge Frau bleibt da kaum mehr Raum, sich selbst zu entdecken, geschweige denn zu entwickeln.

Adys Biographie ist auch die endlose Geschichte einer Krankheit, aus deren Bann er sich trotz endloser Kuren und Sanatoriumsaufenthalte nie mehr befreien kann. Schon als junger Mann schreibt er von erlöschender Kraft, von der Nähe zum Tode. Tatsächlich ist er nur einundvierzig Jahre alt geworden, Zeit genug allerdings, um sich in das Herz seines Landes einzuschreiben, wie der bereits geschilderte Massenauflauf bei seiner Beerdigung in Budapest sinnfällig beweist. Nach Ady ist kein ungarischer Dichter mehr mit derartiger Volksbewegung verehrt, weil buchstäblich gebraucht worden.

Wenn zu Beginn von einem gegenwärtigen Bedeutungsschwund Adys auch in Ungarn die Rede war, so mag das durchaus schon die erste Stufe in einem längeren Prozeß sein, der ihn absehbar wieder notwendig werden läßt. Ungarn ist derzeit ein kommunikationsgestörtes Land. Einsam und vereinzelt suchen Individuen, Parteien, Firmen, Ämter, Denker und Dichter, Vereine und Sekten ihren Sonderweg zum Glück, ohne Rücksicht auf die gewaltigen Schäden und Verletzungen, die diese Alleingänge naturgemäß mit sich bringen. Tiefer denn je zieht sich durch das intellektuelle Leben des Landes der längst überwunden geglaubte Spalt zwischen den Urbanen und den Volksnahen. Ady indes war durch seine doppelte Verankerung im weltabgewandten Érmindszent und im weltzugewandten Paris eine der raren Gestalten, die sich weder von der einen noch von der anderen Seite vereinnahmen ließen, in ihm war Platz für das Gegensätzliche, für Zorn und Begegnung. Sollte die Bereitschaft zur Sprache in Ungarn wiedererwachen, wird Ady erneut ein heilsamer Bezugspunkt sein.

International muß nach wie vor auf das Wunder des Durchbruchs gewartet werden. Trotz der Resonanzlosigkeit der vielen Versuche, einen überungarischen, so etwa auch einen deutschen Ady zu erzeugen, ist allein der Versuch bei aller Aussichtslosigkeit von großer Bedeutung, denn er tut etwas gegen diese Aussichtslosigkeit. Es zeugt vom beschränkten Sehvermögen der allzu kompatibilitätsbesessenen Welt, daß sie diesen großen ungarischen Schatz noch nicht zu heben wußte, ja kaum ahnt, was und wer sich da hinter den drei magischen Buchstaben Ady verbirgt. Dabei ist doch allein das sprengend Unbekannte in der schönen Lage, Menschen die Chance zu geben, mit sich selbst auf ungeahnte Weise neu bekannt zu werden.

Mit Detrich Gyula Sándor, der 1955, also noch vor Ausbruch und Niederschlagung der ungarischen Revolution 1956, seine vom Stalinismus beherrschte Heimat verließ, um als Julius Alexander Detrich zunächst in Wien, später dann in München einen Neuanfang zu wagen, ist es wieder ein im Ausland lebender (Auch-) Ungar, der hier mit seinen Übersetzungen den neuen Anlauf unter-

---

13

nimmt, Ady in die deutsche Welt zu locken, sicherlich auch angetrieben von dem ganz persönlichen Motiv, so ein Stück Heimat, zumindest im virtuellen Raum der Sprache, zu retten. In der Distanz zur Heimat hat er den freien Blick auf das Universum, das uns Ady eindringlich neu bestrahlt zu zeigen vermag. Mit diesem freien Blick läßt sich in der intimen Nähe zu Ady fruchtbar an einem spezifischen und durchaus modernen Heimweh arbeiten, das gerade die Grenzenlosigkeit erfahren und verinnerlicht haben muß, um auf eine gesteigerte Art mit der eigenen Herkunft identisch zu werden.

Wilhelm Droste
Budapest

Zur Dimension des Religiösen in Adys Dichtung schreibt der
Übersetzer, Theologe von hoher Sensibilität und Kompetenz, in
der Vorankündigung seines Seminars zur Theologie und Lite-
raturwissenschaft „Tanz auf dem Rücken des großen Wals –
Religiöse Lyrik des ungläubigen Poeten E. Ady" (1982):

„Endre Ady (1877-1919), der bis heute zweifellos größte Dichter
ungarischer Zunge, hat in der Weltliteratur nicht den Platz, der
ihm gebührt. Die Melodie seiner freien Rhythmen entzieht sich
jeder adäquaten Wiedergabe und seine Gedichte sind fast un-
übersetzbar. Seine Diktion ist auch für den ungarischen Leser
fremdartig, weil sie mit archaistischen Wendungen und biblisch
inspirierten Bildern arbeitet. Man muß diesen Dichter lieben, um
ihn verstehen zu können. Vieles wurzelt bei ihm in den unauslot-
baren Tiefen uralten ungarischen Bewußtseins, und eine wort-
wörtliche Übersetzung kann bei Nichtungarn oft andere Asso-
ziationen als die vom Dichter intendierten erwecken. Wenn wir
dennoch den Versuch einer deutschsprachigen Interpretation wa-
gen, so deshalb, weil die religiöse Lyrik dieses Dichters, dessen
Vorväter mütterlicherseits seit der Reformation kalvinistische
Prediger waren, eine ungeahnte theologische Tiefe zeigt. Freilich
waren seine Zeitgenossen nicht imstande, die Theologie des Un-
glaubens, der heulend und wütend oder ganz leise um die milde
Gabe des Glaubens bettelt, zu würdigen. Die wenigen Gedichte,
die wir besprechen können, werden uns sicherlich zu einer Aus-
einandersetzung darüber anregen, was der Glaube eher ist: der
ungestörte Besitz übernommener Überzeugungen oder eine die
ganze Existenz bestimmende Sehnsucht nach Gott und ein immer
neues Empfangen der Kraft, sich zu ergeben und auf den Unbe-
kannten zu vertrauen."

Auf neuen Gewässern

Schiff, keine Angst, du trägst des Morgens Helden!
Laß lachen die Welt über betrunkene Schiffer;
Fliege, mein Schiff,
Schiff, keine Angst, du trägst des Morgens Helden!

Gleite dahin, gleite, gleite fort nur immer
Auf neuen, großen, nicht bekannten Wassern;
Fliege, mein Schiff,
Gleite dahin, gleite, gleite fort nur immer.

Neue Horizonte schweben dir entgegen,
Immer wieder neu und voll Gefahr das Leben:
Fliege, mein Schiff,
Neue Horizonte schweben dir entgegen.

Ich will keine schon geträumten Träume,
Ich will neue Qualen, Rätsel und Begierden,
Fliege, mein Schiff,
Ich will keine schon geträumten Träume.

Der grauen Menge Geiger will ich nicht sein:
Möge mich treiben der Heilige Geist oder des Glases Macht;
Fliege, mein Schiff,
Der grauen Menge Geiger will ich nicht sein.

(1905)

Des Frühmorgens Vogel

Den heiligen Flügel breche ich,
Den blütenstaubbedeckten.
Vergebens. Nicht will weichen von mir
Die Freude, die Freude.

Blütenstaub auf meine Seele siebt
Sie. Betäubt sitze ich im Rausch.
Wilde Feuer flammen in mir auf:
Freudenrausch, Freudenrausch.

Ich schlage nach ihr, breche ihren
Flügel. Husch! Fröhlichen Morgens
Vogel! Husch! Was willst du noch von mir?
Ich sterbe, ich sterbe.

Sie siebt und siebt. Immer feuriger
Glühen die Adern, die Nerven.
Nur die Schweißperlen werden immer
Kälter, kälter, kälter.

(1905)

Ich habe Angst zu leben

Vergeblich reißen mich des Rausches Schwäne mit
Auf großes Wasser,
Nüchterner Gänse Geschnatter höre ich.
Nichts gibt es nunmehr,
Was Bestand hat.

Schon höre ich mein langes, wildes Schluchzen,
Da ich noch lache,
Doch ins Krächzen der Krähen meiner Seele
Mischt sich das Zwitschern
Putziger Spatzen.

Vor Sehnsucht habe ich Angst. Die Erfüllung
Kommt und beschämt mich.
Ruhe will ich nicht: Hinter ihr galoppiert
Der Hengst der Angst wild,
Die Angst zu leben.

(1905)

Übersiedlung aus Fluchstadt

Musik ertönte in Nekropolis,
Es war ein tauber, herbstlicher Tag.
Ich war schon längst verstorben,
Und auf einer roten Bahre lag.

Meine Tür weinte. Leise trat ein
Jemand mit lachender Miene,
Die, die mich soviel ließ weinen,
Die ich auch als Toter noch liebe.

Sie streichelte mein Totengesicht,
Stieß Gelächter aus und die Frage:
„Mein Lichtanbeter, ist das garstige
Budapest nun doch deine Bahre?"

„Entsinnst du dich des Lichtes nicht,
Das im Süden die Gräber umwob?
In Budapest gräßlich das Leben,
Doch noch gräßlicher ist der Tod."

„Komm fort von hier, aus Fluchstadt,
Komm mit mir, mein Verblichener:
Hier läßt sich Schönes schwerlich träumen,
Hier liebt mit Tränen kaum einer."

Sanft ergriff sie mir die Hände,
Und lachte lauter, lachte froher.
Seither in ein Grab im Süden umzusiedeln
Rüstet sich ein armer Toter, armer Toter.

(1905)

Das letzte Lächeln

Ach, häßlich hab' ich gelebt,
Ach, häßlich hab' ich gelebt:
Welch schöne Leiche werd' ich sein,
Welch schöne Leiche werd' ich sein.

Mein Satyrgesicht verschönt sich,
Mein Satyrgesicht verschönt sich:
Lächeln um meine Lippen,
Lächeln um meine Lippen.

In meinen starren, großen Augen,
In meinen starren, großen Augen
Spiegelt sich jemand wider,
Spiegelt sich jemand wider.

Meine lächelnden kalten Lippen,
Meine lächelnden kalten Lippen
Danken dir für deinen Kuß,
Danken dir für deinen Kuß.

(1905)

Des greisen Faun Botschaft

Als Kasper dieser Welt, jämmerlich,
Ich, Apoll in Faungewändern,
Sende die Botschaft: Leda, erwarte dich.

Frühling herrscht hier am Donau-Saum,
Und ich huste bisweilen Blut,
Schön ist das Leben hier: eitler Traum.

Die Pan-suchenden Wege enden nun wohl,
Und ich, Rauschgaleeren-Passagier, steh'
Vorm harten Wissen, das einen jeden einholt.

Meine Seel' ist noch zerlumpter, schäbig,
Ein leichter Windhauch kann schleudern den Leib
In Hades' Reich. Und, und: Ich liebe dich.

Neue Lieder von mir hörst du gewißlich nicht,
Auch Küsse hab' ich nicht mehr zu küssen,
Doch es ist Frühling, und ich brauche dich:

Daß du dich dann über mich neigst,
Mir ins Ohr küßt, was nur du weißt:
„Mein gräßlich Faun, mein Apoll von einst."

(1905)

Stöhnen am frühen Morgen

O rotbadende,
Herrlich schöne Welt,
Erholter Körper
Selig träge Lust,
Tausend weicher Nester
Wonnenreiche Stadt!
O klingender Morgen,
Des Lebens Symphonie,
O wunderbares Leben!
Wie schön wäre es zu leben!
Wieviel Freude rauscht,
Und alles gehört andern;
Wieviel Gold klingt,
Und alles gehört andern;
Wieviel Kraft kämpft,
Und alles gehört andern;
Wieviel Frauen lieben,
Und alles gehört andern;
Wieviel neue Wonne summt,
Und alles gehört andern;
Wieviel Streben regt sich,
Und alles gehört andern!
Was alles es gibt,
Wieviel Schönes,
Wieviel Heiliges;
Doch den andern gehört
Alles, alles...

(1905)

Nur weg aus dem Dorf

Das Glöcklein ist das alte,
Schreckt auf gern die Stille.
Auch das Grau ist das alte,
Wird vom Frühling vergrünt.

Alles, alles bleibt das Alte
Bis auf mich. Wo lebe ich und wie?
Nie bin ich so fern gewesen,
So fern noch nie, so fern noch nie.

Sterben möcht' ich, wenn ich höre,
Von hier sei ich aufgebrochen,
Und verleugnen den Kuß zum Abschied,
Der mich damals fortziehen ließ.

Verrückt nach wirrem Lärm und Klang,
In der bunten, verrückten Stadt,
Bin ich nun ihre irrende Seele:
Dorf, wirf auf mich keine Steine!

Oh, errette mich von hier, Stadt,
Raffe mich weg mit dir, du Stadt!
Die weit hinausgeflogen sind,
Heimkehren sollten nimmermehr.

(1905)

Am Theiß-Ufer

Ich bin gekommen von den Ganges-Ufern,
Wo ich dalag im Mittagslicht und träumte:
Große Glockenblume an des Herzens Stelle,
Mir gab ihr zartes Zittern des Lebens feine Kräfte.

Ziehbrunnen, Mühlengrund, Beilstock,
Wüstenei, Grobhände und Lärm, gräßlich.
Die Küsse wild und blöd, nichts als Traumhenker.
Nun, am Theiß-Ufer, hier, was suche ich?

(1905)

Es lachte der See

Wir schwebten am Abend
Vereint auf dem See,
See von fremdem Schoß,
Von schaukelndem Schoß,
Von fürchterlichem Schoß,
Tiefen Wassers See.
In der alten Qualen
Trauergewändern
Schwebten wir auf dem See,
Die Nacht ersehnend.

Dem alten Schiffer
Zitterten Arm und Seel',
Von Schneegipfeln her
Tobten die Winde,
Der See schmetterte,
Rief, tobte, toste,
Rauschte, wehklagte.
Es lachte der See.
Wir schwebten, schifften.

(Den quälenden Qualen
– flüsterte ich leise –
Setzen wir ein Ende!
Heilig Grab ist der See,
Verliebt ist sein Arm,
Geheimnisse wahrt er
Und weiß zu umarmen,
Er umarmt für immer
Und segnend schaukelt er.

Niemand erfährt es,
So er uns umarmt:
Laß uns stürzen, komm!)
Sie sieht, sieht mich an,
Ihr Blick ist traurig,
Und sie schaut gierig
Nach nahen Ufern.
Wir schweben, fliegen.
Oh, schreiten und gehn,
Oh, leben weiter,
In dunklen Qualen
Schreiten und leiden,
Doch sein, doch sein, sein!
Es lachte der See
Über uns wütend;
See tiefen Wassers,
See von fremdem Schoß,
Von verliebtem Schoß
Und gesegnetem Arm.

Es lachte der See,
Und seitdem, gänzlich gleich,
Wo wir weilen, wandeln,
Ihn hören wir
Jeden Abend lachen.

(1905 Starnberg)

Der halbgeküßte Kuß

Des halbgeküßten Kusses Feuer
Brennt uns entgegen.
Kalt ist der Abend. Bisweilen laufen wir,
Laufen wir weinend:
Das Ziel kommt nicht näher.

Wir bleiben stehn oft, umarmen uns oft,
Brennen und frösteln zugleich.
Du stößt mich von dir: Mir und auch dir
Voll Blut die Lippen:
Heut gibt's keine Hochzeit.

Nach vollbrachtem Kuß wären wir so gern
Versöhnt gestorben.
Doch der Kuß muß sein; das verlangt die Glut.
Voll Wehmut flüstern wir:
Morgen. Vielleicht morgen.

(1905)

Am wilden Berggipfel

Am wilden Berggipfel wir beide
Stehen erstarrt und waise,
Wir haften aneinander.
Kein Wort, kein Weinen, Stöhnen:
Ein Wanken und wir stürzen.

Blutige Fleischhaken nur halten,
Solange wir uns zusammenklammern:
Blaßblau zittern dabei die Lippen.
Küß mich! Wortlos ist das Küssen;
Sagst du ein Wort und wir stürzen.

(1905)

Wenn doch käme eine andere

Zur Huldigung treib' ich vor deine Thronstufen
Der hungrigen Begierden Rudel,
Das wilde, stolze Nomadenrudel
Des Blutes.

Für dich hab' ich Neid, Ekel, Mitleid und Fluch,
Du vom Glück erwähltes Bettlerweib,
Du großes königliches Bettlerweib
Der Sehnsucht.

Wenn ich nur könnte so begehren eine
Wie dich! Wenn doch nur käme eine andere.
Eine Frau. Jemand. Eine andere.
Irgendeine.

(1905)

Brände verglimmen

Brände verglimmen:
Diese traurigen Greisenaugen
Sehn eine andere nie mehr.

Leda, verjag mich:
Den alten treuen Hundeaugen
Entkommen kannst du nicht.

Brand des Begehrens
Mag dir erhitzen wieder das Blut:
Vergebens, ganz vergebens.

Kommen die Schrecken:
Diese traurigen Greisenaugen
Lassen nicht los – dich. Sie sehen.

(1905)

Es dröhnen die Stollen

Heiliger Berg der Lieder ist meine Seele,
Sein Gipfel betrachtet stets die Sonne,
Doch innen ist er durchfurcht von bösen Stollen.

Träume, Mädchen, tobende Begierden,
Qualen hieben ihn fortwährend und Sorgen:
So wuchsen die Stollen, so wuchsen die Schrecken.

Oben am Gipfel jungfräuliche Stille,
Der Gedankenkobolde wunderbarer Reigen,
Unten der Schrecken tosendes Gelächter.

Auf meiner Seele Dach tanzen flinke Wichte,
Plötzlich aufgeschreckt, in heiligem Reigen,
Und unten dröhnen die Stollen, in endlosen Schichten.

Ein Augenblick – und der Berg zerbricht:
Des stolzen Daches tanzendes Volk
Stürzt in das Nichts – kopfüber.

(1905)

Der Hände Marionette

Überall seh' ich nur Hände,
Einen schwarzen Schwarm der Hände:
Heiße Hand hier und kalte Hand,
Brandfleckige, frohe, erstarrte,
Stehlende, rufende, sich ergebende.

Traurige Traum-Marionette bin ich,
An der verspielte Hände ewig zerren.
Sie tanzen ihre Tänze, nicht ich,
Sie lassen mich fliegen zu den Sternen,
Sie tauchen mich in die tiefsten Wellen.

Ihnen gehört mein Traum, mein Wein,
Meine Leidenschaft und mein Weib,
Mein glückloses Los ist ihr Wille,
Und wird sich ganz erfüllen, wenn sie wollen,
Daß alles sich der Erfüllung zuneigt.

Ich bin der große Opferpriester,
Der Opferanzünder entarteter Enkel,
Ich nehme gehorsam alle Qualen an,
Doch habe nichts, außer einer Zigarre:
Ihr Rauch steigt als ein Opfer zum Himmel.

Mischt mit diesem Rauch duftenden Staub,
Und es brennt schon der Scheiterhaufen.
Wartet ein ganz klein wenig, Hände,
Wartet, jetzt brennt noch die Zigarre,
Bald erlischt sie, könnt ihr mir glauben.

(1905)

Auf der ungarischen Brache

Durch wilde Landschaft wate ich,
Durch Fennich und Unkraut in üppigster Lage.
Ich kenne diese verwilderte, uralte Flur:
Es ist die fruchtbare ungarische Brache.

Zum heiligen Humus bücke ich mich nieder:
An diesem Jungfernboden muß doch etwas nagen.
Lauter Unkraut ragt hier in den Himmel;
Warum keine Blumen? Wer kann mir das sagen?

Wilde Ranken umranken mich ringsum,
Als ich den schlafenden Erdgeist will erschauen,
Und längstverblühter Blumen Duft
Betäubt mich in der Liebe Schauern.

Still ist es. Unkraut, Fennich ziehen mich
Hinunter und schläfern mich ein wie im Grabe.
Ein Wind huscht mit Gelächter
Hinweg über die riesige Brache.

(1905)

Seelen an der Fangleine

An Stricke wurde gespannt mein Geist,
Weil er ausschlug, tänzelte feurig
Nach Fohlenart. Ich hatte zwar gepeitscht,
Gejagt ihn, doch vergeblich, ganz vergeblich.

Seht ihr auf ungarischen Feldern
An Leinen blutig schäumend einen Hengst,
Schneidet durch seinen Halfterstrick,
Denn er ist Geist, trauriger Magyarengeist.

(1905)

Zu früh bin ich hergekommen

Zu spät traf ein jene Frau,
Die mich ansieht, die ich segne.
Denn mich tötet diese Wüste,
Wo ich vergeblich rufe, schreie.

Ach, diese ungarische Puszta,
Ach, diese große Wüstenei!
Wie oft hat sie meine Flügel
Mit Kot beladen, schwer wie Blei!

Ich treib' mich um und finde nichts,
Was mir öffnet der Tränen Stau;
Zu früh bin ich hergekommen,
Und zu spät traf ein jene Frau.

(1905)

Ein Prediger bin ich

Mein Wort ist groß, vollmundig, sonor:
Jeder Ahne ein Prädikator.

Des strengen Calvin gestrenger Erbe:
Mein Brot ward, daß ich Worte färbe.

Ein Bergpredigtlein, zwar kümmerlich,
Ist mein Gesang, dazu noch heidnisch.

Meine Habe – was ich nicht habe;
Meine Botschaft, daß Geld uns labe.

Und einst, in meinen dummen Krisen,
Wollt' ich werden für Rom ein Priester.

Fast wär' geworden der ein Papist,
Der Pfarrersblut und ein Heide ist.

Ach, Saus und Braus ewiger Lüge,
Ich bin doch Priester und betrüge:

In alten Rhythmen heidnischer Musik
Dürst' ich nach dem, was unvergänglich.

Mir ist die Hölle nur allzufern,
Den Himmel locken meine Seufzer.

Mein Traum ist das Wort, Weg und Heil,
Doch falsch ist das Leben, arg das Sein.

(1906)

Am Seine-Ufer

Am Ufer der Seine lebt der Andere;
Ich bin jener, ich bin auch jener:
Zwei Leben lebt in zwei Gestalten
Ein Toter.

Am Donau-Ufer
Bin ich ein Spielzeug der Dämonen,
Am Seine-Ufer wiegt mich in Träume
Die Magie reiner Liebe.

Paris lacht ihn an,
Der glückliche Andere lacht.
Doch hier jagt mich, in grölendem Rausch
Kreischend, die Rotte der Nacht.

Dort bin ich schöner, edler, besser,
Erahnte Küsse meine Lieder,
Denn Cäcilia neigt sich zu mir
Mit Kuß hernieder.

Am Donau-Ufer
Treibt niedre Gier zu Straßenmädchen,
Wein bringt mir Schlaf,
Wenn mir die Becher zerbrechen.

Dort schwebt meine Seele am Abend
Beim Klang heiliger Harfen,
Und ich küsse so zart das Leben
Wie Orchidee in Ledas Haaren.

(1906)

Bestattung auf der See

Es ereilt uns an bretonischem Strand;
Wir werden schlafen weiß und verstorben
Im wintergrauen Meeresland.

Bretonische Burschen schreiten her feierlich
Und kopfbetuchte, todernste Jungfrauen;
Choräle steigen auf zum Himmel traurig.

Psalmodie und Nebel. Es tost das Meer.
Auf eine rote Barke trägt man uns
Mit Blumen und Tränen und Trauer.

Wild braust auf des Sturmes Orgel,
In die See trabt unsre rote Barke:
Darauf treiben wir weiß und verstorben.

(1906)

Ledas Goldstatue

Schnödes Spiel würdest du nie treiben,
In Gold gegossen, nur noch lächeln
Vor meinem Bette.

Die Augen grüne Diamanten,
Die Brüste wilde Opalrosen,
Topas die Lippen.

Dein Goldwesen würde nie sterben,
Seine Schönheit keinen verleiten,
Mein ganz böses Weib!

Wohin auch dein Fleischkörper ginge,
Dein Goldkörper allein mich liebte
Immer und ewig.

Sooft mir weh täte das Leben,
Kühlen würden deine Goldhüften
Meine heiße Stirn.

(1906)

Tod auf den Schienen

Mit müden Armen und verzweifelt
Die kalten Schienen presse ich
Und erwarte den Tod abends
Von Babel unweit im roten Herbst.

Genug! Umarmen will ich nicht mehr
Das Leben, das mich weggestoßen
Und meine Liebe nicht erwidert.
Kalten Reif weint jetzt der Himmel.

Leben, du Dirne! Die Arme
Sind mir längst verwaist und verwelkt:
Nur Schienen kann ich noch umarmen
Bei Musik der Todesmaschine.

Es regnet schon Flugaschen glühend
Und Babels Karren rattert, rattert...
Verjüngt zittern mir die Arme:
Und wieder möchte ich umarmen.

Leben! Es ergießt sich traurig
Samenloser Träume Schar über mich,
Große Sehnsuchtsgeier kommen
Mit dunklen Flügeln der Vergangenheit.

Noch einmal umarm' ich dich, Leben!
Ein letztes Schwingen zuckt in meinen Armen,
Und sie greifen, sich ganz hineinwebend,
In die Speichen heiliger Räder.

(1906)

Komm, Leda, ich möchte dich küssen!

Traurig, bös deine Augen,
Tiefe Gehenna-Nester.
Salzige Träne soll fressen
Mein Aug', so es dich schaut wieder.

Deine Lippen blutlos, gierig
Wie Raupen, wenn verflogen
Die Schmetterlinge. Zittern nach dir
Die meinen, mögen sie verdorren.

Dein Schoß, warm, weich, ladet ein –
Wie zauberhaftes Sündenkissen
Aus vielen weichen Hexenflaumen.
Komm, Leda, ich möchte dich küssen!

(1906)

In Paris schlich sich der Herbst ein

In Paris schlich gestern sich der Herbst ein.
Still ging er auf der Straße Saint-Michel.
In Sommerhitze unter leisem Laube
Ist er mir begegnet.

Ich schlenderte gerade Richtung Seine;
Es brannten in mir kleine Reisig-Lieder,
Rauchig, seltsam traurige, purpurne,
Lieder, daß ich sterbe.

Der Herbst holte mich ein, flüsterte was.
Das ließ die Straße Saint-Michel erzittern.
Süm-süm: es flatterten auf der Straße
Viel spaßige Blätter.

Nur ein Augenblick. Der Sommer merkte nichts,
Und es lief aus Paris höhnisch lachend der Herbst.
Doch daß er da war, das weiß ich allein
Unter stöhnendem Laube.

(1906)

Träumerei von einem Bienenhaus

Anstatt Paris Dorfesstille,
Stiller Ér-Fluß, Blumen, duftig,
Bienensummen und unter Linden
Spielende, lachende Kinder,
Augengläser und ein Lehnstuhl.

Bienenhaus. Kühl-schattiges Dösen
Daneben. Segen meiner Lenden,
Die Kinder und Kindeskinder,
Schalkhaft, verspielt, neckisch und froh
Fingern an meinem greisen Bart.

Am Abend ließe ich sanft gleiten
Das alte Buch aus alten Händen.
Der Sternenhimmel strahlt über mir:
„Husch, husch, Kinder, nun geht schlafen,
Die Sterne schaut jetzt Großvater."

Vom Bienenhaus beflöge ich
Gut kreuz und quer die ganze Welt.
Glücklich lächelnd und frohgemut,
Sitzend, fliegend und stolz gewiß,
Würde ich auch Paris besuchen.

Mit Mondgesicht, mit tausend Runzeln,
Mit hundert Rätseln, Versprechungen
Kommt das Leben verführerisch.
Ich heb' den Humpen und lache:
„Zum Teufel, du fahle Hexe!"

Vom Bienenhaus her würden fliegen
Nächtlich aus friedlicher Seele
Kühne und starke Gedanken,
Ganz rein und voll vom Erdgeruch;
Sie würd' ich senden in die Welt.

(1906)

Mit Leda auf dem Ball

Es schrillt die Musik, sie türmt sich, sie fällt,
Parfüm, junger Dunst, heiß und selig;
Rosenbekränzte Mädchen und Burschen;
Ein Paar, ganz in Schwarz, erschreckt sie plötzlich.

„Wer sind die?" Wir treten ein, traurig still,
Unser Totenantlitz bedeckt von Schleier,
Und unsre längst verwelkten Blumenkränze
Im Tanzsaal unsre Hände stumm verstreuen.

Es stirbt die Musik, und im fröhlichen Saal
Braust ein Winterwind, erlöschen die Lichter.
Wir tanzen herein, als fröstelnd, in Trübsal
Weinend die frohen Paare davonflüchten.

(1907)

Ein Knabe, den ich kenne

Jener Knabe besucht mich derzeit –
Lachend als Toter – gar nicht selten,
Der einst ich gewesen.

Ein süßer Fratz, kränklich und verträumt,
Der um mich schwebt und zärtlich tändelt
Mit meinem armen Bett.

Mein alterndes Gesicht schaut er, schaut
Verwundert; seine Tränen fallen
Auf meine Augen.

Und wie ein Kind erwach' ich weinend,
In einziger verzauberter Nacht,
So oft, wie früher einmal.

(1907)

Nur eine Minute

Eine Minute – und das Leben küßt:
Ein hochloderndes Feuer bin ich,
Die Frauen brennen, Häuser, Straßen,
Herzen und Träume. Es brennt alles.
Und alles ist unsterblich.

Eine Minute: Teufelchen kommen,
Löschen die Flammen recht genügend,
Es kommt der Zweifel, der große Frost,
Der Kot. Die Hose fällt uns ein,
Die immer ungebügelt.

Eine Minute: Die dumme Verkehrtheit
Setzt sich uns mit eisigem Hintern
Auf die Brust. Gelächter hören wir:
„Flacher Geldbeutel, ein kleiner Jemand,
Der kann da nichts verhindern."

Eine Minute: Alles stirbt in uns.
Es sterben auch die Märchenprinzen,
Es stirbt die Freude, und wir stöhnen:
„Geiziger Gott, wenn du uns doch gäbest
Zehnmal soviel Minuten!"

(1907?)

Unser Herr, das Geld

Wenn weglaufen die spärlichen Gulden,
Mein Gott, wie arg wenig bleibt übrig
Von unserem herrlich großen Ich.

Gestern war es noch ein Verbrechen,
Nicht zu feiern das heilige Ich,
Heut ist der Händedruck ängstlich.

Anders schauen uns die Weiber an.
Wir fliehen, leiden und verbreiten
Den Bettlergeruch meilenweit.

Unser Geist mahlte Dante gestern,
Und wir waren noch in aller Munde,
Heut sind wir feige Reimhunde.

Sind dann endlich da die spärlich Gulden,
So dürfen wir wieder sein wie Gott,
Zwei, drei Tage, wieder wie Gott.

(1907)

Schenke mir bitte deine Augen

Schenke mir bitte deine Augen,
Daß ich sie in mein altes Gesicht
Eingrabe und mich sehe herrlich.

Schenke mir bitte deine Augen,
Den blauen Blick, der mich bejammert,
Mich immer stärkt und stets verschönert.

Schenke mir bitte deine Augen,
Die töten, trösten, brennen, sehnen
Und immer in mir das Schöne sehen.

Schenke mir bitte deine Augen!
Wenn ich dich liebe, mich selbst lieb' ich:
Ich bin auf deine Augen neidisch.

(1907)

Wenn man mir die Augen zugedrückt hat

O großer Genugtuung Nacht,
O Nacht der unendlichen Wonne:
Mir werden die Augen zugemacht,
Schön, zart. Niemand erinnert sich mehr.

Niemand weiß, wie ich ihn ansah:
Ob in Zorn oder mit Begierden?
Dümmlich-kleine Erinnerungen
Gehen auf ihrem Weg hin und her.

(1907)

Meine beiden Frauen

Wenn ich sterbe, wird nichts passieren.
Vielleicht zwei Frauen werden es sein,
Die es merken.

Die eine wird meine Mutter sein,
Die zweite eine andere, – die
Mich beweinen.

Schön wird es sein: Auf ein fremdes Grab
Werden zwei Frauen Blumen tragen,
Flüche sagen.

(1907)

Am Ufer finsterer Gewässer

Ich saß an Ufern Babylons,
An Flüssen, die mit Sorgen voll.

Ich sah schon winzige Begierden
Und sah langes, krankes Lieben.

Mir nagten Krisen an der Seele,
Und ich war ein Verrückter kleiner Träume.

Manchmal hätt' ich fast glauben können,
Manchmal ist mir Gott selbst erschienen.

Meine Harfe hab' ich aufgehängt,
Meine Harfe hab' ich wieder abgehängt.

Gott, Zweifel, Wein, Weib, Krankheit
Rieben mir blutwund Seele und Leib.

Troubadour war ich, ich war der Held,
Mein krankes Rückgrat hundertmal gebeugt.

Was hab' ich alles, alles hergegeben,
Bis so schön müde konnt' ich werden!

Ich sitze, wo Flut und Wind mich peitschen,
An den finsteren Gewässern Babylons.

(1907)

Des Todes Verwandter

Ich bin ein Verwandter des Todes,
Ich liebe die Lieben, die vergehen,
Und ich küsse gerne jene,
Die weggehen.

Ich liebe die todkranken Rosen,
Frauen, die vor Liebe schmachten,
Im scheidenden Herbst Strahlen, die
Mich anlachten.

Ich liebe sehr den mahnenden Ruf
Trauriger, einsamer Stunden,
Vorboten des großen Herrn der
Todesrunden.

Ich liebe sehr die Verreisenden,
Die Weinenden und Erwachenden,
Die Fluren bei dem regenkalten
Morgengrauen.

Ich liebe sehr den müden Verzicht,
Tränenloses Weinen und Frieden,
Das Asyl der Weisen und Kranken
Und der Dichter.

Ich liebe jene, die enttäuscht sind,
Die stehenbleiben resignierend,
Die nicht glauben und nicht hoffen:
Die ganze Welt.

———
54

Ich bin ein Verwandter des Todes,
Ich liebe die Lieben, die vergehen,
Und ich küsse gerne jene,
Die weggehen.

(1907)

Mein Traum ist Gott

Mein Reisegepäck: das schwerste "Es-gibt-nicht",
Mein Weg: das große Nihil, das Nichts,
Mein Schicksal: gehen, gehen, gehen...
Und mein Traum: der Gott, den es gibt.

Ihm möchte ich gerne begegnen,
Meinem Traum, in einfältigem, großem Glauben;
Nur ein Wort sagen: Gott, mein Gott!,
Und wieder einmal beten können.

Ich kann nicht mehr kämpfen gegen ihn,
Ich bin dabei, mich ganz in Gott zu verlieben:
Man versöhnt sich nur allzugerne,
So man sich anschickt zu sterben.

(1907)

Nahe zum Friedhof

Ein Fenster wird mein Zimmer haben,
Tausend Falten mein altes Gesicht,
Der Friedhof unweit: nur hundert Schritt.

Ein kleiner Friedhof am Dorfende,
Ganz sanft ist er sonst, doch verwegen
Starrt er mich an in den Mondnächten.

Wir starren beide einander an
Bis Morgenrot. Und mein Herz zittert:
Wehe, da sich der Friedhof nähert!

Auch mich tragen geheime Flügel,
Und ich weiß nicht mehr, ob ich noch bin,
Ob ich noch lebe bei dem Mondlicht.

Es schläft das Dorf, ich aber wache,
Nur auf den Friedhof schau' ich immer:
Er ist da unter meinem Fenster.

In langem, ruhelosem Halbschlaf
Tausendmal stell' ich mir die Frage:
Fliege i c h ? Kommt e r mir so nahe?

(1907)

Ich kehre heim in mein Dorf

Ohne mit der Wimper zu zucken,
Hat mein Dorf mich gnädig empfangen,
Mich, den es an die Stadt verloren.

Es webt heimlich stets für mich Netze,
Und wenn ich mein Knie vor ihm beuge,
Vergibt es meine Sünden.

Bin ein Verschwender, bin ein Ketzer,
Doch niemand liebt mich nachsichtiger
Als mein Dorf, das mich erwartet.

Als ob ich noch mein Kinderhemd trüge,
Nicht verschlissen noch vergilbt wäre,
So lächelt es mich an.

Und es spricht: „Ruh dich aus, mein Kind,
Mit meinem Herzen versöhne dich,
Lehn dich an meine Schulter."

Es beschwichtigt, küßt und lullt mich ein,
Und dörfliche Mächte, friedlich, rein,
Legen sich mir aufs Herz.

Wie ein Kind, von Mutter verprügelt,
Müdes Kind, das sich hat ausgeweint,
So schlaf' ich ein für immer.

(1907)

Du kannst bleiben und mich lieben

Vor ihr käme des Frauenkörpers
Duftende Parfümbotschaft.
Hinter ihr käme dann die Freude,
Und grüßen würde sie schamhaft.

Nie hat sie von mir gehört, mich gesehen.
Zu meinen Füßen hockend
Würde sie schaun in meine Augen
Lange; dann sagen, Mut fassend:

„Ein Mädchen bin ich, rein und fremd,
Vom Mann noch nicht gesehen;
Bin hübsch, arm, ohne Heimat;
Ich möchte dich lieben."

Ich würde ihren Blick erwidern
Und wie zur Kranken reden:
„Mädchen, wie du willst, geschehe dir:
Kannst bleiben und mich lieben."

(1907)

Mit deiner Seele schlafen ...

Was kitzelnd bedeckt das Grummet deiner Haare,
Sehne ich mich zu küssen:
Deine geschlossenen Augen,
Deines schönen Hauptes zwei liebliche Täler.

Einmal möchte ich mit deiner Seele schlafen,
In dein Haupt hineinschleichen mich,
Keusch möcht' ich bleiben dabei,
Etwas ganz Neues finden, Neues schaffen.

An des Todes Darre hänge ich taumelnd,
Noch ganz voll von Gedanken.
Ach, vielleicht hab' ich keinen Leib mehr,
Doch auch leiblos sehne ich mich träumend.

Unter Küssen keusch möchte ich nun scheiden,
Noch einmal küssen dein Haupt,
Jene lieblichen Täler:
Einmal möchte ich mit deiner Seele schlafen.

(1908)

Die Todesrosse

Auf mondbemalten weißen Straßen,
Wenn die himmlischen Schafhirten
Ihre Wolkenherden treiben,
Traben Rosse auf uns zu,
Ihre Hufe unbeschlagen, uns entgegen.

Lautlos stumme Geisterpferde
Mit Schattenreitern auf den Rücken,
Traurig stummen Schattenreitern.
Der Mond fürchtet und versteckt sich,
Wenn sie auf weißen Straßen ausrücken.

Wer weiß schon, woher sie kommen?
Es schlummert ja die ganze Welt.
Sie machen halt, Steigbügel lösend:
Immer gibt es ein freies Roß
Und immer ist ein Sattel unbesetzt.

Es erblaßt, vor dem sie halten,
Doch wortlos steigt er in den Sattel,
Und es trabt schon weiter mit ihm
Auf mondbemalten weißen Straßen
Zu neuen Reitern der Todesengel.

(1908)

Am Fuße des Berges Zion

Mit wirr-weiß-langem Gottesbart,
Zerfetzt, zerzaust, schnaubte und fror
Mein guter Herr, den ich längst vergessen,
An einem naß-blinden Herbstmorgen
Am Fuße des Berges Zion.

Eine Glocke, groß, war sein Mantel,
Geflickt, bedeckt mit roten Lettern.
Düster, vergrämt war der Alte selbst:
Er trieb den Nebel mit den Händen
Und läutete zu "Rorate" ein.

In meinen Händen eine Lampe,
Zitternd. Im Herzen Glaube, zerlumpt.
Die alte Jugend regte sich in mir,
Ich atmete ein, roch den Gottgeruch
Und suchte, den ich lange gesucht.

Er wartete auf mich am Fuße
Des Berges Zion. Und der Stein
Flammte, brannte, glühte.
Mit warmen Tränen begoß mein Gesicht
Und streichelte mich der Alte fein.

Seine Greisenhand hab' ich geküßt
Und im Gedächtnis wühlte ich
Jammernd: „Wie heißt du, schöner Alter,
An den ich Gebete einst gesandt?
Ich wünschte, den Namen wüßte ich!

Obgleich schon tot, bin ich nun zu dir
Zurückgekehrt, ich, der Verdammte.
Warum weiß ich bloß kein kindlich Gebet!"
Er sah mich an, wehmütig, traurig,
Und läutete wieder, läutete.

„Wenn ich nur deinen Namen wüßte!"
Doch er ging los groß hinaufschreitend.
Jeder Schritt war eine Psalmodie:
Ein Psalm für Tote. Und ich sitze
Nun am Fuße von Zion – weinend.

(1908)

Ein Kruzifix am Waldrand

Ein schneebedecktes Kruzifix am Waldrand
Im Mondlicht einer großen Winternacht.
Erinnerung. Mit des Schlittenwagens Klingklang
Fuhr ich einst im Wald vorbei an ihm
Im Mondlicht einer großen Winternacht.

Mein Vater war ein lustiger Geselle:
Er sang und pfiff, wenn er das Kreuz nur sah.
Ich aber war ein echter Sohn des Vaters:
Das geschnitzte Bild – es langweilte mich und
Ich sang und pfiff, wenn ich das Kreuz nur sah.

Zwei Magyaren, starrhalsig, reformiert:
Wir flogen dahin gleichwie die Zeit;
Vater und Sohn, ein Ja und ein Nein,
Saßen im Schlitten einmütig singend
Und flogen dahin gleichwie die Zeit.

Vergangen sind nun zwanzig Jahre,
Und wieder fliegt mein Schlitten in der Nacht
– in Gedanken. Was einst ich nicht getan,
Ich lüfte den Hut in tiefer Andacht.
Und froh fliegt hin mein Schlitten in der Nacht.

(1908)

In einem alten Calvin-Tempel

Unser Pastor ist ein schlauer, weiser Alter,
Genau wie er vor zwanzig Jahren es schon war.
Unsre Kirche ist ein alter Calvin-Tempel:
Es gibt darinnen keinen bunten Altar.
Genauso wie vor zwanzig Jahren
Ist der Textus auch heute Jesus:
„Gebrochen ward sein Leib,
Gebrochen ward sein Leib,
Vergossen ward sein Blut."

Ich reiste lang herum mit großer Reiselust,
Im Zug, am Schiff fand Unterhaltung ich,
Doch seit langem sah mich keine Kirche
So wie die jetzt: in andächtiger Haltung.
Es täte mir so wohl, in der Seel' zu jubeln,
Heimgekehrt, bekehrt wie die irrende Flut:
„Gebrochen ward sein Leib,
Gebrochen ward sein Leib,
Vergossen ward sein Blut."

Um mich herum in heilig großem Glauben
Lauschte die Gemeinde dem Wort und rezitierte.
Ich, mein armes Ich, vermochte nicht zu jubeln,
Doch auch mein Herz erhob sich hoch und schwebte.
Aus der großen Ferne bin ich heimgekehrt
Zu dem Amen, nach zwanzig Jahren, zu dem Verbum:
„Gebrochen ward sein Leib,
Gebrochen ward sein Leib,
Vergossen ward sein Blut."

(1908)

Gott, der nicht tröstet

Alles ist er, doch segnen kann er nicht,
Alles ist er, doch er straft niemanden.
Er ist es, der die Zeit vollendet,
Doch unsere Herzen versteht er nicht.

Mächtiger ist er als Jehova selbst,
Er ist der Vater von vielen kalten Amen,
Er lächelt nur und will, was er will;
Sonne ist sein Antlitz, doch gefroren.

Er läßt das Weltall stets sich drehen,
Er spielt gelangweilt sein ewig Spiel:
Bisweilen vereist er einige Welten,
Ins Feuer wirft er andre, drei oder vier.

Er mahnt nicht, straft nicht und belohnt nicht,
Denkt nicht daran, in Himmel, Erde uns zu leiten.
Obgleich wir irgendwie doch eins sind:
Er ist Das Muß, Das Wird, Das Amen.

Mögen wir zerreißen Sehnen und Gelenke
In arg tobenden, endlosen Schmerzen,
Er amüsiert sich nur: Weder liebt er
Noch reizt er, ärger zu zürnen, unsre Herzen.

Er ist der mächtig große Lebensstrom;
Dröhnend strömt er dahin, führt mit sich Gelächter,
Er reißt, schleudert und rast ohne Unterlaß,
Dämme dämmen ihn nicht noch flaches Gelände.

Er ist der, der nichts will, nur das Strömen,
Ein Strömen ewig ohne Quell und Ende.
Er ist alles, doch einer, der nicht tröstet:
Schrecklicher Gott, der einzig Seiende.

(1908)

Zur Linken Gottes

Irgendwie ist Gott stets und immer
Am tiefsten Grund aller Gedanken.
Unsre Glocken läuten nur ihm,
Und weh, ich sitz' zu seiner Linken.

Gott ist barmherzig und gnädig,
Oft der Unsichtbare, Stumme;
Nur in die Herzen schlägt hinein
Seine schwere Glockenzunge.

Gott kommt nicht zu uns, um zu sein
In unsren Nöten unser Helfer.
Gott – was ist er? Das Ich, die Pein,
Der Plan, der Kuß..., alles ist er.

Gott ist ein riesig mächtiger Herr,
Finsternis zugleich und strahlend Licht,
Ein tyrannischer Wohngenosse:
Seit Jahrtausenden in uns haust er.

Gott ist die Einfachheit selbst:
Es langweilen ihn die Braven,
Es langweilen ihn die Hastenden
Und die Träumer großer Gedanken.

Der liebe Gott, der liebt mich ja nicht,
Da ich mit ihm, kaum ihn gefunden,
Nach langer Suche stets hadernd stritt,
Wie Jakob einst mit ihm gerungen.

Irgendwie ist Gott stets und immer
Am tiefsten Grund aller Gedanken.
Unsre Glocken läuten nur ihm,
Und weh, ich sitz' zu seiner Linken.

(1908)

Auf Elias Wagen

Der Herr entrafft, wie einst den Elia,
Die er sehr schlägt und sehr liebt, alle.
Feurige, schnelle Herzen gibt er ihnen:
Das sind Elias Feuerwagen.

Gen Himmel rast das Elia-Volk
Und hält dort, wo ewig der Winter.
Auf den Eisgipfeln des Himalaya
Wirbelt den Eisstaub ihr Wagen auf.

Heimatlos zwischen Erd' und Himmel
Werden sie vom Schicksalswind getrieben;
Böser, kühler Herrlichkeit entgegen
Rast Elias Wagen mit ihnen.

Die Herzen glühen, eiskalt das Gehirn,
Die Erde schickt ihnen Gelächter nach,
Und es bestreut ihre Eisbahn gnädig
Mit Diamantenstaub die Sonne.

(1908)

An den großen Walfisch

Ach, unser Gott, du schrecklicher Walfisch,
Was wird sein unser Los, was der Welten?
Auf deinem Riesenrücken tanzen wir.
Ach, bleibe still. Denn glatt ist dein Rücken.

Zu glatt ist dein Rücken, auf dem du trägst
Das ganze Weltall und unsre Seelen.
Ich kann dir nur zwei tänzelnde Beine
Und zitternd mein zuckendes Herz geben.

Nimm mir dafür meine vielen Ängste,
Die in mich hineinwachsen in das Mark!
Zeige, daß du kein Christ bist, kein Jude,
Sondern der einzige Herr der Mächte!

Nimm mich auf die Mitte deines Rückens,
Damit Halt finden die schwachen Beine,
Damit mein Herz mir die Brust nicht sprenge
Und endlich der Schlaf bei mir einkehre!

Wenn nicht, so wirf mich für immer herunter,
Hör auf zu tanzen und laß den Wahnwitz:
Das halt' ich nicht aus! Tote Gestirne
Streuen schon ruhiges Licht auf mein Antlitz.

(1908)

Des Herrn Ankunft

Als ich verlassen war,
Als ich taumelnd meine Seele schleppte,
Umarmte mich Gott
Still und unerwartet.

Nicht mit Posaunen kam er.
Er kam mit stillem, wahrem Umarmen.
Nicht kam er bei schönem, feurigem Tage,
Sondern in der Nacht des Ringens.

Und es wurden geblendet
Meine eitlen Augen.
Es starb meine Jugend.
Doch ihn, den strahlend schönen,
Sehe ich für immer.

(1908)

In des Todes Vorkammer

Mein Gott, der du bist der Tod, du weißt:
Für mich sind die Ballnächte vergangen,
Vorbei Hochzeiten und tolle Feten;
Ich steh' ja nun in deiner Vorkammer.

Jetzt sitz' ich da, ein schöner Feigling,
Und wenn jemand über mich ruft:
„Haut ein auf diese Hochnas'!",
So stöhne ich nur: „Es ist schon gut."

Alles ist gut und recht, was mich schlägt,
Alles, was mich straft, das heiligt mich:
Mein Gott, der du bist der Tod,
Deine Vorkammer bessert mich.

Nie hab' ich mich so sehr geliebt
Wie jetzt, in des Todes Vorkammer.
Was bisher war, hab' ich liebgewonnen,
Und ich schreite vorwärts tiefer, tapfer.

Der kann kein gar so schlechter Mensch sein,
Den so viele jagten, zerrten wie mich eben,
Und der Tod wird kein schlechterer Herr sein,
Als es war selbst das Leben.

Mein Gott, der du bist der Tod, du weißt:
Ich jagte mich selbst und suchte mich
In blutraubenden, traurigen Kämpfen,
Doch das Böse, das wollte ich nicht.

(1908)

Morgenröte ist der Tod

Meines Mundes Wohlgeschmack verderbet nicht!
Jetzt, vor dem Tod, laßt mich: Jetzt erst gibt es mich.

Jetzt lebe ich, in Stunde und Sekunde,
Bis ich auskoste der Geschmäcker Runde.

So vollen Geschmack gab noch kaum einmal
Teuere Apothek', heiliges Abendmahl...

Priester und Medizin, geht jetzt, verschwindet!
An meiner Mutter Milch lab' ich mich jetzt.

Geschmäcker und Wohlgerüche kommen:
Sterben kann ich mit verklärtem Gaumen.

Des ersten Zahnes Qual ist jetzt mein Genuß,
Und des ersten Wortes schwere, süße Geburt.

Auf meiner Zunge zergehen die Küsse,
Die mir die Verwandten auf die Stirn geküßt.

Vorbei ziehen jetzt die ersten Klangfetzen,
Die ersten Gedanken und die ersten Schmerzen.

Das erste Mädchen, das erste Gedicht:
Süßer Speichel, der im Mund zusammenrinnt.

Erste Erfolge, erste Siegerschritte,
Erste Fleischgelüste und erste Fehltritte.

Und dann die lichtbestrahlten Schreckensnächte,
Die ich im Sterben nicht vermissen möchte.

Seliger Rausch, des Helden Wehmutsstunden,
An euch hab' ich stets den Geschmack gefunden.

Politik: kleinliche Magyarenkämpfe,
Wobei man mich nur täuschte und enttäuschte.

Und die Eine, die die Küsse küßte,
·Die ich noch immer, immer haben müßte.

Mit Wohlgeschmack ist voll mein Mund, mit Düften,
Jetzt, da das Leben erscheint bei Morgenröte.

Meines Mundes Wohlgeschmack verderbet nicht!
Jetzt, vor dem Tod, laßt mich: Jetzt erst gibt es mich.

(1909)

Ich möchte gern, daß mich jemand liebt

Weder Nachfahre noch seliger Ahnherr,
Weder Verwandter noch guter Bekannter
Bin ich für jemanden,
Bin ich für jemanden.

Ich bin, wie jeder Mensch, Hoheit,
Ein Nordkap, Geheimnis, Fremdheit,
Irrlicht aus der Ferne,
Irrlicht aus der Ferne.

Doch weh, so kann ich nicht mehr bleiben,
Ich möchte so mein Wesen zeigen,
Daß man mich sehend sieht,
Daß man mich sehend sieht.

Darum alles: Selbstquälen und Lied:
Ich möchte gern, daß mich jemand liebt,
Einem angehören,
Einem angehören...

(1909)

Gesegneter, ländlicher Nebel

Krank bin ich. Aus einem kleinen Dorf
Späh' ich zurück in die große Welt
Mit der Erinnerung Schüttelfrost.
Werd' ich denn verfolgt? Vielleicht.

Ich hab' Angst an den Sonnentagen,
Denn ich habe Angst vor jedem Sehen.
Wenn ich durch das Fenster weit blicke,
Erzittert stöhnend mir die Seele.

Alles ängstigt mich und tut weh,
Was zurückbringt das Vergangene:
Klarer Horizont, Licht, Erinnerung,
Auch Seufzer, die ich nur erahne.

Ich habe weder Schlaf noch Träume,
Die Angst befällt mich unversehens.
Mein Gott, wie verzweifelt hänge ich
Am ungastlichen Sims des Lebens?

Bisweilen läßt sich Zeit der Morgen.
Dann sitz' ich da in stolzer Freude:
Nebel bedeckt uns, und ich fühl' mich
Sicher bei ihm, bei meinem Freunde.

(1909)

Sanftes Abendgebet

O Herr, gib eine stille Nacht,
Ruhige, große Nacht
Deinem greisen Kinde,
Deinem bösen, kranken Kinde.

Der herrschaftlichen Gelage,
Der kläglichen Trinkgelage
Laute Musik sei ferne,
Ihr Lärm sei mir ganz ferne.

Herr, nimm von meinem Herzen,
Meinem krüppelhaften Herzen,
Des Wachseins schwere Last,
Fürchterlich schwere Last.

Herr, laß mich schlafen lachend,
Herr, laß mich träumen lachend,
Mach mich selig im Traume,
Verjünge mich im Traume.

Etwas sehr, sehr Großes,
Etwas glorreich Großes
Im Traum laß mich sehen,
In der Nacht laß mich sehen.

Laß mich flehn wie ein Kind,
Wie ehemals als Schulkind,
Mit gottseliger Andacht,
Mit schlafbringender Andacht.

———

Wenn der Abend sich naht,
Sich der braune Abend naht,
Sprudle mein altes Gebet
Von meinen Lippen – das Gebet:

Gib meinen Eltern stille Nacht,
Gib allen eine stille Nacht,
Mein lieber Gott, den ich anbete,
Ob ich komme, ob ich gehe,
Ob ich erwache, mich schlafen lege,
Dich bet' ich an, mein lieber Vater,
Sorge für mich, du guter Vater. Amen.

(1909)

Der hinaufgeschleuderte Stein

Hinaufgeschleudert, fällt zurück der Stein.
Es fällt zurück, mein Land, und es kommt heim
Immer wieder dein Sohn.

Stadt um Stadt besucht er nach der Reihe,
Und wehmütig fällt er auf die Erde,
Von der er genommen.

Immer sehnt er sich fort und wird bewegt
Von des Ungarn Sehnsucht, die sich nur legt,
Um neu zu erstehen.

Der Deine bin ich in meinem Zorne,
In Untreue und verliebter Sorge,
Wehmütig ungarisch.

Ein Stein, hinaufgeschleudert, traurig,
Willenlos, mein kleines Land, das bin ich,
Dein Ebenbild bin ich.

Und weh, vergeblich ist jedes Wollen:
Hundertmal geworfen, werd' ich fallen
Hundertmal zurück zu dir.

(1909)

Von Vater und Mutter kommend

Nur vergessen will mein Vater;
Der Mutter Stimme klingt traurig.
Ach, wie klein ist doch das Leben,
Ach wie wenig, ach wie wenig!

Schließlich ist es allein ihr Werk,
Daß ich bin und was Großes will.
Sie verstummen, und ich weiß jetzt,
Wer ich bin und was ich bin.

Welch ein Wunder, daß ich noch lebe!
Daß das Leben stets wage ich...
Heute schreib' ich noch ein Gedicht,
Und schon morgen, ja, gehe ich.

(1909)

Mein Bett ruft mich

Ich leg' mich hin, mein Bett.
Mein Bett, vor einem Jahr,
Vor einem Jahr warst du anders.
Des Schlafes Stätte warst du,
Schlafstätte, Quell der Kraft,
Kraftquelle, des Kusses Wiese,
Des Kusses Wiese, Fröhlichkeit!
Was bist du geworden?
Bist geworden ein Sarg,
Ein Sarg, der Tag für Tag,
Tag für Tag enger schließt,
Enger schließt. Sich hinlegen,
Sich hinlegen voll Angst,
Voll Angst aufstehen,
Aufstehen voll Angst...
Voll Angst steh' ich auf.

Aufstehn, herumblicken,
Herumblicken, empfinden,
Empfinden, sich besinnen,
Sich besinnen, erblicken,
Erblicken, sich verkriechen,
Sich verkriechen, hinausblicken,
Hinausblicken, ausbrechen,
Ausbrechen, wollen,
Wollen, verzagen,
Verzagen, sich erkühnen,
Sich erkühnen, aufgeben,
Aufgeben, sich schämen,
Sich schämen... O mein Bett,
O mein Bett, o mein Sarg,
Mein Sarg, du rufst mich schon,
Du rufst mich schon. Ich lege mich hin.

(1909)

Der Herr der Herren

Fast verlor ich schon meine Seele,
Da kamen Abende
Des Friedens. Über meine Kämpfe
Lachte gnädig der Herr.

Wie die Sonn', die neigt sich zur Erde,
War der Erbarmende.
Viel Neues hat gebracht das Leben,
Gott blieb, was er gewesen.

Schon in der schilfbedeckten Schule
Sah ich ein und wußte:
Ein gutes Herz für ein schlechtes geben
Kann er einem jeden.

Über unsre Haupthaare führt er
Lange Kummerlisten,
Und kehrt ein Sünder ihm den Rücken,
Auf seine Rückkehr hofft er.

Unsre Sünden vergißt er gerne,
Denn er liebt die Seinen.
Wenn es uns treibt zur Hölle, ruft er uns,
Und wir bekehren uns.

Er lebt in uns, lieben wir gläubig,
Als Urliebe ewig.
Er grünt und blüht auf jedem Friedhof,
Kindlich wenn jemand hofft.

Mich hob er auf, wusch mir das Blut ab,
Suchte die Felder ab,
Und legte segnend auf meine Wunden
Lauter Kräuterwunder.

Mit süß-fauler Ergebung wart' ich,
Bis er mir schickt den Tod:
Mein Aug' ist sein, und meine Hand,
Die seine, tut alles sanft.

In den Krieg sandte er mich und schälte
Von mir ab die Sünden;
Und über meinen Krieg lachte er,
Der Herr aller Herren.

(1909)

Gebet vor dem Herrenmahl

Gib mir jenen Irrglauben,
Mein Gott,
Daß man auch ungarisch darf sehen,
Mit freien Augen, auf freie
Weise feiern.

Gib mir jenen Irrglauben,
Mein Gott,
Daß man nicht muß bis zum Grund austrinken,
Und von deines Kelches heiligem Wein genügt
Ein Schluck: glauben.

Gib mir jenen festen Glauben,
Mein Gott,
Daß ich bis morgen, ach, nicht weiter, nein,
Mein Leben tapfer aushalte.
Amen. Amen.

(1909)

Gebet um ein Lachen

Dein Antlitz ist mir bekannt, mein Gott,
Aus den zornigen Wolken.
Blitze haben es mir offenbart:
Ich badete es in meinen Tränen.

Dein strahlendes Gesicht, das viele
Schauen, hab' ich nie gesehen.
Wo bist du? Warum meidest du mich,
Du heiliger Gott der Gelächter?

Es hungert mich, Herr, nach dem Frohsinn,
Es dürstet mich nach deinem Lachen.
Einen so dankbaren Hanswurst-Sohn
Wie mich hast du gewiß noch nie gehabt.

In deinem herrlichen Gelächter
Erscheine meine Vergangenheit!
Seh' ich nur einmal dein Frohgesicht,
Wein' ich in heiliger Seligkeit.

(1910)

Wir messen den Grabgarten aus

„Mein Vater, vielleicht wird es uns reichen."
Mit langen Schritten schreitet er und zählt sie still,
Ich in seinen Spuren.
Der Grabgarten für das Geschlecht wird ausgemessen.

Wo die Setzlinge pflegten aufzugehen,
In der Nähe der Treibbeete,
Wird man der Reihe nach
Dem Ady-Samen bereiten ein kaltes Bett.

Gleich hinter dem Haus, in der schwarzen Erde,
Messen wir das Grab aus, die Länge, die Breite.
Zu viert werden wir sein,
Die wir hier hinfallen einst als Erben.

Auf schwarzfetter Erde mit wenigen Ähren
Haben wir des Messens Herbst erreicht.
Mein Vater schreitet, schreitet
Mit zitternden Beinen, in abendlichem Fieber.

Hundertmal und nochmal beginnt er es wieder,
Er schritt schon genug selbst für hundert Gräber,
Doch: „Vielleicht, vielleicht...",
Und er vervielfacht wieder die verträumten Schritte.

Dieser Boden, mit Saatkorn besät,
Entsinnt er sich, war immer gesegnet:
Garbenkreuz an Garbenkreuz
Lag hier im Sommer bis zwanzigfach vermehrt.

Zwei Söhne hat er. Es wird aussterben
Dieses fetten Bodens kleines Geschlecht mit ihnen.
Das Ganze und alles.
Nur vier Gräber, nicht mehr, wird der Ertrag werden?

„Mein Vater, vielleicht wird es uns reichen."
Es wird dunkel. Er sinnt nach und schweigt,
Und der Abenddämmerung Schatten
Bedeckt uns beide, die wir unser Grab ausmessen.

(1910)

Ich danke, ich danke, ich danke

Ich höre das Rauschen der Sonnenstrahlen,
In meinem Mund schmeckt wohl dein Name,
Heiliges Himmelsgetöse schauen meine Augen.
Mein Gott, mein Gott, mein Gott,
Alles gestanden hat gestern meine verwirrte Seele:
Du bist mir immer alles in allem gewesen,
In meinem seligen Schnuppern,
In meinem zarten Streicheln,
Auch in meinen scharfen, traurigen Blicken.
Heute danke ich, daß du dort gewesen,
Wo ich spürte das Leben,
Wo wurden gestürzt und errichtet Altäre.
Ich danke dir für das Bett, um meinetwillen gebettet,
Ich danke dir für mein erstes Weinen,
Ich danke dir für meine wehherzige Mutter,
Für meine Jugend und meine Sünden.
Ich danke für Zweifel und Glauben,
Für die Küsse und Krankheiten.
Ich danke dir, daß ich keinem schulde etwas,
Nur dir allein, nur dir alles für alles.
Ich höre das Rauschen der Sonnenstrahlen,
In meinem Mund schmeckt wohl dein Name,
Heiliges Himmelsgetöse schauen meine Augen.
Mein Gott, mein Gott, mein Gott!
Leichter ist mir jetzt die Seele, da sie gestand,
Daß du gewesen Leben, Gram, Kuß, Freude,
Und du wirst sein der Tod auch. Danke.

(1911)

An meines Sohnes Wiege

An dem alten Sommertag in kühler Laube
Schlafe, wenn dich einlullt dein Vater,
Mein kleiner Sohn!
Deine Wolkenwiege wiege ich und weine.

Deinem Traumkörper während ich fächle,
Entsinne ich mich des Kusses, durch welchen,
Mein kleiner Sohn,
Ins Leben dich nicht gerufen hat die Liebe.

Daß du nur aus Nebel bestehst und es dich nie gab,
Hat deinem armen Vater noch nie so weh getan,
Mein kleiner Sohn!
Vielleicht steht ihm der Tod jetzt so nah.

Mich erfüllen süße Sehnsüchte nach dir:
Dich allein begehrt nunmehr mein Kuß,
Mein kleiner Sohn.
Schlafe, schlaf schön. Krank ist dein alter Vater.

Alt ist der Sommer, das Los, und kinderlos der Vater.
Wolltest du ihn ein einziges Mal sehen,
Mein kleiner Sohn,
Jemals sehen deinen unruhigen Vater?

Der Tod späht nach Opfern an diesem Sommertag.
Mir scheint, als läge ich in deiner Wiege,
Mein kleiner Sohn,
Und streichelte dein erträumtes Traumgesichtchen.

(1911)

Warum so wählerisch?

Drei, und drei noch mehr:
Drei neue Friedhöfe, drei alte.
Die sechs berichten in der Kälte:
Schlimmes gab's in diesem Sommer.

Und sie flüstern und sie lauschen,
Schwaben, Rumänen, Calvinisten,
Sie machen die heurigen Listen,
Und die Bäume weinen, rauschen.

Es kommt also hierher für immer
Bald schon der reiche Gutsbesitzer,
In seiner Spur der arme Häusler,
Der seinen Ochs hatte nimmer.

Es kommt schon die kalte Trennung,
Des Gleichwerdens nüchternes Faktum,
Des Lebens und Todes Vereinung,
Und viel Versöhnung, Versöhnung.

Sein totes Herz soll verlieren,
Wem sechs Friedhöfe auch nicht reichen,
Wo Frau und Mann, Arme und Reiche,
Nah und Fern sich eng liieren.

Allein der Judengemeinde
Kleiner Friedhof liegt ziemlich abseits,
Denn es meinten der Vorzeit Greise:
Für Jud' gilt nicht das Allgemeine.

Obwohl es doch schon ziemlich gleich,
In welchem Friedhof, in dem alten,
In dem neuen, oder bei den Juden,
Uns morgen die Erde sich gleicht.

Alten Staub treiben und wehen
Des großen Rätsels alte Wächter,
Und ganz in der Friedhöfe Nähe
Lassen sich fallen die Krähen.

Ein kleines Dorfnest:
Der Herbst zerrt herrisch an den Bäumen,
Die hinwegsehn über die Räume
Und erblicken auch das Fernste.

(1911)

Die Botschaft vom Batist

Geschleift hat mich das Blut, das in die Hölle
Zerfallend, verfallend
Trabende feurige Gespann,
Und nun schwingt mir seinen Gruß zu
Der Batist.
Jetzt, jetzt möchte ich getrost sein,
Mich-verneinend, nicht-begehrlich und rein,
Keusch und ohne Makel.

Jetzt, da ich mich wenden nicht mehr kann,
Verfluche ich, was mich aufgereizt,
Das erste, was ich begehrte,
Den ersten schmutzigen Gedanken.
Meine Liebeslust,
Die so frühzeitig erwacht...
O Erinnerungen, Erinnerungen,
Gebt mir ein wenig Ruh'!

Jede meiner getanen Taten war ein Fluch,
Eine Schande.
Selig, der in Gottes Gnade
Sich läßt weiß dörren!
Der schöne Schatten von zehn oder mehr
Sich-heilig-fastenden Kuttenträgern umtanzt mich.
Selig ist der, der verzichtet auf Freuden.
Ach, welch dreckiges Gewand ist das Leben,
Und wie erbärmlich ist das Blut, wie häßlich!

Im Greisenalter von vierunddreißig Jahren,
Jenseits von allem,
Mich ekelnd und schön langsam verblödend,
Doch weh, dennoch zuviel wissend,
Sehe ich weinend, wie schwingt ihr Tuch
Allzu spät meine sündige Seele,
Und sein Tuch meine einzig wahre Liebe,
Der Batist.

(1911)

Kleine weibliche Hechte

Jetzt entlasse ich euch, ihr weiblichen Hechtlein.

Weil ich mit eurem Freßmund nicht konnte umgehen,
Will ich euch fürderhin nicht mehr im Wege stehen.
Genug Wasser gibt es: Schwimmt nach neuen Opfern!

Verdammt schwerer Fischfang waren diese Jahre!
Denn jedes Weib wird älter,
Und jedes Weib bringt näher jenen Mann der Bahre,
Den es sich hat zur Lieb' erkoren.
Auf nun, Hechtelein, schwimmet und freßt euch satt!

Auch du sei entlassen, da du mir gleichgültig,
Du letztes Hechtelein, das ich groß einfältig
Für Goldfischlein gehalten, du kleines Niemandsweib.
In deinem Freßmund sollen Ruhe finden
Fische, die dich erwarten, deiner ebenbürtig,
Dir zum Opfer würdig.

Jetzt entlasse ich euch, ihr weiblichen Hechtlein.

(1913)

96

Die letzte Schar

Die ich in Qual gebar, neue Gedichte,
Von einem allzusehr gelebten Leben
Errungen hab' ich euch und nicht gedichtet.

Ihr seid wohl die letzte blutbefleckte Schar.
Berührt nun des Greises erkaltendes Herz,
Damit ich erlebe alles noch einmal.

Diese Schlacht war vielleicht die größte von allen:
Der Kampf um Kuß, Fieber, Sehnsucht und Glaube.
Fliehe, meine Schar! Ich will bleiben allein.

(1913)

Im Sieb der Zeit

In den Händen ein riesiges Sieb:
Es ist die Zeit, die siebt immerfort.
Sie nimmt die Welten und siebt sie aus;
Kaum mitleidig wirft sie welche fort,
Denen freilich das Lachen vergeht.

Die herausfallen, haben's verdient:
Für krankes Korn hat nicht viel übrig
Die Zeit. Verlebte Völker und
Vereiste Welten, leer und brüchig
Geworden, sind nicht mehr wert zu sein.

Neuen Gottesspruch raunt nun mein Mund:
Nicht, die es wagten loszulassen,
Was vergangen, fallen durch das Sieb;
Nur die der Zukunft Samen hassen
In sich: Welten, Völker, Gedanken,

Wenn sie welk sind und schon eingeschrumpft
(So sagt das neue Prophetenwort)!
Der Herr, die Zeit, die bleibt für immer,
Träge Völker, Sippen, müssen fort
Samt all ihren unschuldigen Lots.

Ach, wir Verdorrten, Verkrüppelten
– Mein Schicksal ist das Los der Sippe –,
Wir haben verdient, daß wir fallen
Aus diesem riesengroßen Siebe,
Da wir der Zeit niemals gefallen.

(1913)

Nicht einmal eine Rente

Leben, erlebt und besungen, Lieder:
Von euch berauscht schreit' ich meine Schritte.

Wieviel habe ich bezahlt für euch,
Doch ihr habt mit schäbigem Maß gedankt.

Hauchdünne Habe, poweres Leichentuch,
Etwas Schein und noch weniger Hochmut.

Und was bleibt noch, wenn auch dies aus sein wird?
Bekommen dann Rente Liebe und Lied?

Zerfließt einst der billige Trost, bitter
Gieße ich dann mein Leben hinunter.

Ach Liebe und du, mein schmales Werklein,
Das Nichts wird, fürcht' ich, euer Leben sein.

Und meines Lebens, wenn der Trug ausgeht,
Werd' ich satt, fürcht' ich, schon auf halbem Weg.

Alle Erinnerungen verblassen
Mit der Zeit; der Rausch wird mich verlassen.

Treibsand wird meine Spuren zerstören,
Mein Weib einem anderen gehören...

(1914)

Gestorben und fremd

Über eine Brücke, unbeschreitbar,
Von drüben gebracht, fremd geblieben,
Ist mein Leben. Ein zerschmolzener Stern,
Strahlen streuend. Vereisen kann ich ihn
Oder wegwerfen in einer stolzen Nacht,
Wenn ihr einmal seines Lichtes seid satt.

Meiner Siege bin ich überdrüssig
Und müde der Last ewigen Strahlens
Und Bekennens. Mein Leben ist zwar reich,
Hierzulande wenigstens, doch traurig
Und einsam auch. Eines Sternes Leben,
Der so arg zerschmolzen, ist mir nur leid.

Klug verteilen meine Strahlen kann ich nicht.
Jeder von meinen Göttern ist neidisch
Und geizig zu mir mit seinem Segen.
Lustlos und zuwider ist mir der Rausch,
Schwer für die Füße, den Kopf und das Herz.
Auch vermag man nicht, mich würdig zu lieben.

Von drüben gebracht, fremdes, teures Nichts,
Mein Leben, du vermagst, wie früher stets,
Nicht mehr zu blenden die treuen Augen,
Und ich, ein Verwandter der ganzen Welt,
Ihr Liebhaber, der sie mahnt und begehrt,
Ich laufe nunmehr gestorben und fremd.

(1914)

Zu Hause ist der Jungherr

Nur zu Hause ist Jungherr der Jungherr:
Wenn er mit bäuerlichen Gespielen
Wieder einmal schwätzt, hört und meint:
„Gut ist das Weib" und „Man hat kein Weib."

Es kommt der Kleinen schmierige Schar:
Den Vater von einst seh' ich in ihnen.
Ein Wrack ist er schon, erschreckend alt.
Leise sag' ich: „Du findest schon Halt."

Es graut mir vor dem Altwerden und
Des Junggesellendaseins Schande.
Gegrüßt sei, wer da Wunder wirkt,
Wer um des Kindes willen ein Kind wird.

Seit dreißig Jahren treib' ich mich so
Herum, arm, aber gut beraten:
Abseits vom bejochten, dreschenden Kreis
Fand ich hie und da Freude und Preis.

Hie und da ist doch Jungherr der Jungherr,
Alte Kumpane bedauert er.
Vielleicht weint er oft, doch bei Gelegenheit
Lacht er und ist froh seiner Kindheit.

(1914)

Am Ufer der Kalota

Prächtige Magyaren, vom Kirchgang kommend,
Ziehen langsam über den Fluß Kalota.
Fast, als wäre die Brücke emporgehoben
Von der Junisonne Strahlenarmen.
Welch eine Farbenpracht, und in der Buntheit
Welch zauberhaft liebliche Ruhe!
Farben: Weiß und Rot und Gelb ganz grell,
Aufregendes Blau kämpft mit dumpfem Braun,
Doch ruhig die Gesichter, erhaben,
Und die Jungfernkränze schwebend,
Als möchten sie bald herunterfallen.
Man schweigt. Zögernd weicht das Predigtwort
Von den harten Schädeln und mischt sich
mit des Sommers Duft.
Prächtig sind die wogenden Züge am Hügel,
Langgezogene Züge der Beständigkeit:
Sicherheit, Sommer, Schönheit und Ruhe.

Doch mich befällt plötzlich die Unruhe:
Mädchenaugen. Meines Schicksals Augen,
Augen, in denen ich mich selbst erblicke,
Als einen rosigen, fröhlichen Burschen.
Schöner als alle gewesenen Augen,
Und besiegelt ist in ihnen endgültig
Meine ewig traurige Jugend.
Sie locken mich, einen süßen Antrieb
Verspüre ich, mich in sie zu versenken
Und andächtig betend zu sehen mich,
Der ich bin in diesen großen Augen.
Stille. Der Juni herrscht in meinem Herzen
Und der vorbeigezogenen Kirchgänger
Tiefe Andacht, die mich in ihren Bann gezogen.
Eine Minute am Ufer der Kalota:
Sicherheit, Sommer, Schönheit und Ruhe.

(1914)

Wie hast du mich gesehen ?

Im zufällig hellen Kostüm
Meiner begabten Schelmerei
Hätt' ich dir gefallen besser?

Was heißt: Du hast mich gesehen?
Meinst du, heißt das Sehen alles?
Glaubst du, du kannst sehen ins Herz?

Alles bin ich, was du hofftest,
Alles bin ich, was du erahnst,
Alles bin ich, was ich möchte.

Alles bist du, was nur möglich,
Kannst alles sein, was ich ersehne,
Vielleicht gar nichts, vielleicht Alles.

(1914)

Meine ganze große Erneuerung

Ich ziehe stolz die Schulter hoch;
Alles, was gewesen ist, fällt von mir,
Und nach dir schreit
Meine ganze große Erneuerung.

Alle meine Frauen hast du zurückgebracht
Und du bist die schönste, höchste Steigerung,
Überschwemmung,
Die erobert die blumigen Wiesen.

Mein kleiner Stern, wie sehr ich dich liebe!
Wie sehr ich liebe dir zuliebe die Gunst
Meiner Zukunft,
So sehr liebe ich nunmehr uns selbst.

So liebe ich uns, daß ich in dir lebe,
Und daß du in mir bist, weil ich dich liebe;
Liebe, Liebe,
Wie schön bist du und unendlich!

O Liebe, meine Vergangenheit,
O Liebe, o kommende Zeiten, die
Sich erzwingen,
Dankbar verneigt sich meine Jugend.

(1914)

Galopp auf den Mond zu

Auf den Mond zu, den Vollmond zu,
Rase ich hoch galoppierend, edler Ritter;
Hinter mir, schon weit verlassen,
Marschieren die greisen, faulen, faden Jahre.

Glücklich trage ich die Beute,
Die Hoffnung meiner großen Zukunft, und die Macht
Heiligen Wissens, die Antwort weiß
Auf jede Frage und jede Minute schöner macht.

Goldhaare hat sie und Augen
Wie Perlen, mein anschmiegsames kleines Wunder,
Wie ein Jungvogel im Nest.
Sie trag' ich stolz: Gott und Zeit sind überwunden.

Der Mond winkt uns. Lebendiger
Als selbst das Leben sind wir beide zusammen,
Glaubender ist unser Herz,
Lachender, zitternder und viel, viel tiefer.

Es fürchten sich die Gespenster,
Und wir galoppieren immer schneller, schneller.
In der Wunder Welt wunderbar
Steigen wir auf aus der Freiheit immer freier.

Auf den Mond zu, den Vollmond zu,
Rase ich hoch galoppierend, edler Ritter;
Hinter mir, schon weit verlassen,
Marschieren die greisen, faulen, faden Jahre.

(1914)

106

Auch dann ist kein Ende

Du bist des Heute beste Freude,
Und dieses Heute ist so reich:
Willst du das Leben haben ganz,
Blick heute mir ins Auge.

Durchwühlen der Sehnsüchte Laden
Kannst du und tausend Schaufenster:
Für dich bin ich allein noch da,
Einzig, reich und verdrossen.

Für dich bestimmt, bewahrt für dich
Bin ich nur da. Freust du dich nicht
Und verstehst auch das Heute schlecht,
Ist recht: Ich bereue nicht.

Mich erfüllt des Verschenkens Wonne,
Gemischt mit Freude an dem Heut',
Und sagtest du, es sei nun aus,
Ist dies mir noch kein Ende.

(1914)

Unser Krieg

Deines schluchzenden Weinens Tränen
Trinken meine gelehrten Lippen,
Und deinen Trotz, des Universums Trotz,
Laß an mir brechen:
So wirst du weich werden und sanft.

Wieviel Ja
Unter so vielem Nein!
Stoße ich zusammen
Mit deinem dummen, kleinen, süßen Kopf,
Das macht nichts, mein Mädchen:
Einen Kuß hauch' ich auf deine Stirn.
Verzeih doch,
Denn mehr als das Nein ist das Ja.

Mein pochender Kopf auf deinen Knien
Sein Schicksal segnet:
Vielleicht schon zuviel
Diese Seligkeit,
Und deine Kränkung, scheue Anbetung,
Des Blutes Zügel wunderschön:
Nimm den durstigen Adepten
Deines Mundes, den meinen,
Der auf deinem Mund ruht rasend.

Es gewöhnen sich in Hainen
Der bunten Tage dieses Krieges
Aneinander unsere Kriege,
Küssevoll.
Kämpfend, schmerzend ist die Liebe;
Ich mit dir und du mit mir,
Führen wir diesen Krieg ewig.

(1914)

Bedeckt von meinem buntbestickten Bauernmantel

Wie gern hätt' ich, wenn uns langweilt,
Die verrückt spielt, unsere Welt,
In des Blutes großer Hochzeit,
Mit buntbesticktem Bauernmantel
Uns vor diesem Sturm bedeckt.

Das Spiel begann noch vielverheißend,
Doch gleich darauf – uns zuliebe? –
Brach dieser Krieg der Himmel aus,
Mit Blitz und Donner und Getöse:
Ob ein Fluch, ob ein Geschenk?

Ich sende mein Herz deinem Herzen
In diesen Stunden des Grauens;
Vielleicht findet es doch dorthin,
Wo allein ein Platz noch da ist,
Wo es kann sich ausruhen.

Wie schrecklich ist uns dieses Warten,
Und wie häßlich unser Schicksal:
Geschundene Millionen,
Und zwei Menschen, die zur Unzeit Lust
Empfingen zueinander.

(1915)

Es gähnt der Spiegel

Es gähnt der Spiegel,
Wenn ich feig hineinblicke:
Ein Abschied ist es und zögernde
Augenblicke.
Gelangweilt sind wir schon und Feinde.

Es gähnt der Spiegel:
Einst mit der Freundschaft Wohlgeruch
Bewunderten wir groß einander,
Bis kam der Fluch,
Der frostig starrt jetzt zwischen uns.

Es gähnt der Spiegel:
Ob wir vielleicht einander
Haben vergessen? Wie sonderbar,
Wenn einander
Altbekannte erkennen nicht mehr.

(1915)

Bekenntnis zur Liebe

Ihresgleichen fand ich
Nicht in sieben Landen:
Ich liebe ihr schönes,
Ihr klingendes Lachen.
Wie sehr ich sie liebe!

Sie hat sich in mein Ich,
Das groß und stark, versteckt.
Ihre Fehler lieb' ich
Eher als es ist recht.
Wie sehr ich sie liebe!

Mein eigen Ich lieb' ich
In unserer Hochzeit:
In anderer Person
Die eigne Gewißheit.
Wie sehr ich sie liebe!

(1915)

Ich bewache deine Augen

In meine alternde Hand
Nehme ich nun deine Hand,
Meine alternden Augen
Bewachen deine Augen.

Bei der Welten Untergang
Wie Urwild, gejagt vom Schreck,
Bin ich bei dir angelangt
Und mit dir harr' ich erschreckt.

In meine alternde Hand
Nehme ich nun deine Hand,
Meine alternden Augen
Bewachen deine Augen.

Ich weiß nicht, wie und wie lang
Bleibe ich dir erhalten,
Doch ich halte deine Hand,
Bewache deine Augen.

(1916)

Du lauschst meinem kranken Herzen

Nach dir suchend im Kampf, mit Taktik,
War mein Herz noch so stark, so tapfer,
Und so melodisch seine Musik.

Wie krank ist es jetzt, wie abgenützt,
Sein Pochen wird von nichts außer
Deinem verliebten Willen gestützt.

Ertönte wieder wild die Hymne,
Der Qualen Hymne und der Lüste,
Wisse, daß sie allein dir gälte.

Die Hymne sagt, ich hab' gefunden
Nach Sünden dich und viel Umwegen,
Doch lebend noch und nicht gestorben.

Es genügt mir, wenn eine Stunde
Ihr Lied an deiner Seite nur sang:
Wozu Klage in meinem Munde?

Mein krankes Herz hat des Gottes acht;
Ich beschwöre dich, meine kleine
Gefährtin, mit der Liebe Andacht:

Lausch der schlechten, kranken Musik nicht;
Gut ist mein Herz, denn du bist in ihm:
Uns gehört das Leben und das Licht.

(1917)

—
114

Wenn dennoch ...

Ich dachte: Meine kleine Hälfte,
Versuchen wir zu überleben
Des Mordens und Verheerens Zeiten.

Wo alles schwindet, zugrunde geht,
Behalte mich dir als das Gestern,
Als Zeugnis, Wunder, das nicht vergeht.

Wenn alle fliehen, alle fallen,
Behalte mich, meine teure Hälfte,
Der ich verheiße, was vergangen.

Behalte mich dir, bis am Herzen
Ich angenagelt blute gelähmt,
Als einen Menschen aus dem Gestern.

Umarmst du mich noch, Lebenshälfte?
O wehe mir in dieser Ohnmacht,
An diesem grauenvollen Ende.

Doch geh' ich fort, nimm du mein Schicksal,
Dir hat der Sturm es anvertraut,
In deine Hände, treu und duldsam.

(1918)

Inhaltsverzeichnis

121

Julius Alexander Detrich (Dr.theol. Dr.phil.),
der Übersetzer der vorliegenden Ady-Gedichte, war Theologe
und faszinierte als Pfarrer an der Erlöserkirche in München-
Schwabing die Zuhörer mit seinen ungewöhnlichen Predigten.
1987 erschien im Claudius Verlag ein Band mit
Gleichnisauslegungen, der lange vergriffen war,
nun aber wieder lieferbar ist:

Julius Alexander Detrich
»Und er lehrte sie in Gleichnissen«
Gleichnisse Jesu neu entdeckt - ein Predigtband
ISBN 3-8311-2311-X

*Ein Gleichnisband eigener Prägung. Wissenschaftlich fundierte
Auslegung der biblischen Texte und aktuelle christliche Botschaft
werden miteinander verbunden. Predigt als Hilfe zum Verstehen
und als Hilfe zum Glauben gehören für den Verfasser zusammen.
Er macht die Gleichnisse Jesu aus ihrer Umwelt und unter
Heranziehung jüdischer Gleichnistradition verständlich. Dabei
unterscheidet er zwischen der ursprünglichen Aussageabsicht Jesu
und den Deutungen der ältesten Gemeinde und der Evangelisten.
Es kommt zu einem überraschenden, ja vielfach befreienden Umgang
mit Texten, die unzugänglich erscheinen. So werden ganz neue
Aspekte erschlossen und auf die Gegenwartssituation angewandt.*